WANIOREK • SPASS UND SPORT MIT KLEINEN HUNDEN

Einbandgestaltung: Anita Ament

Titelbilder: Iren Rohrer (Einklinker)
Linda Waniorek (Freisteller)

Bildnachweis:
Werner Lau, Marga Stumm (zur Verfügung gestellt), Axel und Linda Waniorek, Arthur Mutschler.

Wir danken Brigitte und Werner Lau, Marga Stumm, Andrea und Arthur Mutschler und Yvonne für die freundliche Unterstützung sowie den Hunden, die sich als Models zur Verfügung gestellt haben.

Die Ratschläge und Angaben in diesem Buch basieren auf unseren persönlichen Erfahrungen mit unseren Hunden und mit den Hunden, die uns anvertraut wurden. Da Hunde Lebewesen sind, reagieren sie natürlich auch individuell. Auch ändert sich mit den Jahren die Einstellung der Menschen zu ihren Hunden. Es liegt an Ihnen, die Informationen aus diesem Buch mit Ihren Vorstellungen in Einklang zu bringen.

Die Haftung der Autoren, des Verlags sowie seiner Vertreter für Sach-, Vermögens- und Personenschäden ist ausgeschlossen.

ISBN 3-275-01403-X

1. Auflage 2001

Lektorat: Rosemarie Wild
Innengestaltung: L&N Litho, Waiblingen
Druck: Druckhaus Münster GmbH, 70806 Kornwestheim
Bindung: Karl Dieringer, 70839 Gerlingen
Printed in Germany

RATGEBER RUND UM DEN HUND

Linda und Axel Waniorek

Spaß und Sport mit kleinen Hunden

Kleine Rassen sinnvoll fördern

Müller Rüschlikon

I. Kleine Hunde groß in Form

Hunde sind Tiere mit einem ausgeprägten Bewegungsbedürfnis. Sport und Aktivität gehören zu ihrem Tagesablauf. Dies gilt auch für die kleinen Hunderassen und kleine Mischlingshunde. Auch ihrem Bewegungsbedürfnis muss entsprochen werden, damit sie gesund, aktiv und glücklich sein können. Besonders kleine Hunde können im Verhältnis zu ihrer Körpergröße außerordentliche Leistungen erbringen.

Kleine Hunde verfügen in hohem Maße über:

- Aufmerksamkeit
- Intelligenz (Auffassungsgabe)
- Lernfähigkeit
- Lerneifer
- Leistungsfähigkeit
- Ausdauer
- Bewegungsfreude
- Durchsetzungsvermögen
- Treue

Kleine Hunde werden immer beliebter. Dies liegt auch daran, dass man es ihnen heute möglich macht, ihre Fähigkeiten unter Beweis zu stellen und ein wirkliches Hundeleben zu führen.

Der besondere Charme kleiner Hunde

Kleine Hunde verstehen es meisterhaft, sich in die Herzen der Hundefreunde einzuschleichen. Mit ihrem ganz besonderen Charme und ihrem fast menschlichen Benehmen, aber auch durch ihren Mut und ihren Charakter gelingt es ihnen, sich auch bei »Großhundeliebhabern« Achtung zu verschaffen.
Immer mehr Menschen verfallen diesem Charme. Häufig sieht man heute große Männer, die stolz mit ihrem Minihund spazieren gehen – vor Jahren völlig undenkbar – und

Was war da? Die hohe Aufmerksamkeit, die gerade auch kleinen Hunden zu eigen ist, ermöglicht viele Ansatzpunkte für Sport und Spiel.

ihren Hunden viel Liebe und Aufmerksamkeit widmen.
Bei kleinen Hunderassen und Mischlingshunden finden wir eine liebenswerte Kombination aus Charakterstärke, Mut und Zärtlichkeit. Sie sind hübsch anzusehen und durch ihre Vielfalt findet jeder Hundefreund den Hund seines Lebens. Zu den kleinen bis mittleren Hunden zählen wir Hunde mit einer Schulterhöhe bis zu etwa 40 cm.
Wer kleine Hunde als unnütze Schoßhündchen einstuft, sollte diese Meinung schnell revidieren. Kleine Hunde sind in allen Bereichen ein »ganzer« Hund.

Spielen bedeutet Vertrauen und Freude

Vielleicht fragen Sie sich, warum Sie eigentlich mit Ihrem Hund spielen und sich beschäftigen sollen. Er läuft doch frei in der Wohnung und im Garten herum, ist immer dabei und es geht doch sehr gut. Dabei wird übersehen, wie viel Freude und Glück uns und unserem Hund das gemeinsame Spiel und gemeinsamer Sport vermitteln können.

Spielen vermittelt:

- Freude
- Zärtlichkeit
- Verstehen
- Vertrauen
- Gemeinsamkeit
- Gehorsam
- Selbstvertrauen
- Sozialverhalten

Das alles bringt im Zusammenleben viele Vorteile. Sie lernen Ihren Hund gründlich kennen; dies gilt auch umgekehrt. Sie können jederzeit mit Ihrem Hund kommunizieren, weil er Sie versteht und respektiert. Sie merken durch den engen Körperkontakt körperliche Veränderungen sehr schnell. Ihr Hund lässt sich beim Tierarzt besser behandeln und Sie können erforderliche Nachbehandlungen erfolgreich selber durchführen.
Sie sehen, Spiel ist also weit mehr, als nur Herumtollen!

Kleine Hunde und Gehorsam

Hunde und das Thema Gehorsam sind eine unendliche Geschichte. Während fast jedem Menschen klar ist, dass ein großer Hund gehorchen

Kleine Hunde verstehen es meisterhaft Menschen milde zu stimmen. Lassen Sie sich nicht einlullen, auch sie müssen Gehorsam lernen.

muss, wird kleinen Hunden viel nachgesehen. Oft wird mit vielen vorgeschobenen Argumenten wie: »Dackel sind eben so, sie haben ihren eigenen Kopf«, »Er beißt ja nicht richtig zu«, Ungehorsam verniedlicht und beschönigt. Das ist ein Fehler, denn ein ungehorsamer Hund benimmt sich schlecht, wird dem Besitzer und anderen Menschen lästig und bleibt dann zu Hause oder wird, wenn die ach so niedlichen Eigenheiten: »Ach unsere kleine Ratze, sie beißt allen in die Füße!« störend werden, ins Tierheim abgeschoben.

Gehorsam ist wichtig

- Jeder Hund kann Gehorsam lernen
- Mit Liebe und Geduld kommen Sie zum Ziel
- Konsequenz erleichtert auch dem Hund das Leben
- Erfolge loben ist besser als Misserfolge strafen
- Auch ein älterer oder alter Hund kann Gehorsam lernen
- Ein gehorsamer Hund hat viel mehr Freiheiten

Beginnen Sie mit der Erziehung, wenn der Welpe oder der erwachsene Hund in Ihr Haus kommt. Er muss sofort lernen, was er darf und was nicht. Strafen sollten Sie vermeiden, positives Verhalten immer ausgiebig loben, eventuell auch mit Leckerli (aber nur ausnahmsweise) fördern. Versuchen Sie aber in den ersten Tagen Situationen zu meiden, bei denen es zu Konfrontationen führen muss. Er soll sich ja erst an Sie und die Umgebung gewöhnen.
Verbotene Dinge sollten immer verboten sein, wenn der Hund z. B. »nur für die erste Zeit« im Bett schlafen darf, wird er diesen Platz nach seinem Verständnis mit Recht auch später beanspruchen.
Bevor Sie mit der Ausbildung Ihres Hundes beginnen, überlegen Sie genau, was Ihr Hund können soll und was nicht. »Komm!«, »Sitz!«, »Platz!« und »Fuß!« sind wichtige Kommandos, die Ihrem Hund erlauben, in verkehrsarmen Gegenden auch ohne Leine zu laufen. Dabei können Sie natürlich auch andere Worte wählen, wenn Sie aber Hundesport betreiben möchten, halten Sie sich besser an die dort verwendeten Kommandos. So erleichtern Sie dem Hund den Sport, da er nicht umlernen muss. Allerdings können Hunde auch durchaus verschiedene Kommandos für eine Aktion lernen. Auch in einfachen Sätzen – dies kann man häufig beobachten, wenn Menschen ausgeprägt Dialekt sprechen – kann man mit dem Hund erfolgreich Gehorsam üben. Wer also nur

für sich und seinen Hund übt, kann statt »Sitz!« auch »Bitte setz dich hin« üben. Ein Befehl, der im Bekanntenkreis viel Beachtung finden wird. Sie werden sehen, wie viel mehr Spaß das Leben mit Ihrem gehorsamen Hund macht.
Auch Ihr kleiner Hund muss wissen, dass Sie der Herr im Hause sind. Und das hat einen ganz einfachen Grund. Ihr Hund kann weder die Verantwortung für sich und sein Leben übernehmen, noch kann er beurteilen, wie er sich in der Welt verhalten soll und wie er mit den verschiedenen Situationen umgehen muss. Als »klügeres«, ranghöheres Rudelmitglied müssen Sie Ihren Hund zu einem angenehmen Partner machen. Auch zu seinem eigenen Schutz.

Hindernisse sind für kleine Hunde kein Problem, sie sollten aber nicht zu hoch sein.

Der kleine Hund als Sportler

Kleine Hunde haben sehr viel Spaß an Bewegung und sind deshalb auch ausgezeichnete Sportler. Sie sind sehr lerneifrig und bringen es oft zu Höchstleistungen. Aber nicht alles, was der kleine Hund kann und tut, ist auch gut für ihn. Da Hunde eher ungelenkig sind und sich im Eifer des Gefechts auch gerne einmal übernehmen, kann es zu Problemen kommen. Deshalb ist also beim Hundesport – gleichgültig, ob im Verein oder privat – Vorsicht geboten.

Darauf müssen Sie achten

- Hunde mit einer besonders langen Wirbelsäule sollen nicht hoch und oft springen und klettern.
- Schwere Hunde sollten nicht springen und klettern.
- Die Höhe der Springhindernisse muss der Größe des Hundes angepasst sein (40 cm Schulterhöhe oder weniger).
- Apportierhölzer und Bälle dürfen nicht zu groß und schwer sein.
- Bei besonderen Rassemerkmalen sollten Sie die körperlichen Möglichkeiten beachten.

Beachten Sie auf jeden Fall: Ein Hund will seinem Herrchen gefallen. Er arbeitet bis zur völligen Erschöpfung, um die Anforderungen zu erfüllen. Es liegt in *Ihrer* Verantwortung, ihn nicht zu überfordern und ihm nicht zu schaden.

Der richtige Umgang mit anderen Hunden

Der richtige Umgang mit anderen Hunden ist besonders für kleine Hunde wichtig, da sie aufgrund ihrer Körpergröße und Kraft großen Hunden unterlegen sind. Leider wissen sie dies nicht immer und leiden oft an Selbstüberschätzung, da sie sich und ihre Kraft nicht richtig einschätzen können. Die Probleme resultieren oft auch aus einem übertriebenen Beschützerinstinkt des Besitzers heraus, der den Hund sofort auf den Arm nimmt, wenn ein anderer – größerer – Hund kommt. Der Kontakt zu anderen Hunden wird weitgehend unterbunden, sodass ein Sozialverhalten nicht ausgebildet werden kann. Aber gerade dieses Sozialverhalten und der ganz natürliche Umgang mit anderen Hunden gewährleistet ein Hundeleben ohne größere Schwierigkeiten. Streitereien kommen immer einmal vor und hören sich meist weitaus schlimmer an, als sie wirklich sind. Hunde versuchen mit ihrer Stimme zu imponieren, um den Gegner einzuschüchtern. Der richtige Umgang mit anderen Hunden will also gelernt sein, dies gilt sowohl für den Hund, als auch für den Besitzer.

Welpenspieltage (siehe Seite 32) bieten eine gute Möglichkeit, Herr und Hund an den Umgang mit anderen Hunden zu gewöhnen und nicht in jedem fremden Hund einen Feind zu sehen. Aber auch die Begegnung bei Spaziergängen muss nicht zwangsläufig in Stress ausarten. Treffen Sie sich regelmäßig mit anderen Hundebesitzern zu Spaziergängen und abenteuerlichen Wanderungen. So lernt der Hund in zwangloser Umgebung den richtigen Umgang mit anderen Hunden und dabei auch, wann er sich unterwerfen muss.

Ihr Verhalten entscheidet über die Begegnung

Häufig wird erst durch Ihr Verhalten eine kritische oder gefährliche Situation hervorgerufen. Wenn Hunde sich begegnen, ist es ganz normal, dass sie ihr Imponiergehabe zeigen. Grundsätzlich gilt:

- Der Hund an der Leine fühlt sich stark, Sie geben ihm damit keinen Schutz, sondern eine trügerische Stärke. Nehmen Sie ihn deshalb möglichst früh von der Leine.
- Wenn es zu einer kritischen Begegnung kommt, gehen Sie zügig weiter, Ihr Hund freut sich, wenn er Ihnen folgen kann und so mit Anstand aus der unangenehmen Situation herauskommt.
- Wenn Ihr Hund Streit anfängt, nehmen Sie ihm durch Ihren Abstand die Selbstsicherheit.
- Streiten Sie nicht mit anderen Hundebesitzern, Ihr Hund fühlt sich verpflichtet, Sie zu schützen und greift dann erst recht an.
- Trainieren Sie Ihr Verhalten. Sie übertragen Ihre Angst und Nervosität auf Ihren Hund.

Nicht selten kommt es vor, dass Hundebesitzer sich noch miteinander streiten, während – von ihnen unbemerkt – die Hunde bereits friedlich und glücklich miteinander spielen. Dies sollte Ihnen zu denken geben.

Der kleine Hund im Doppelpack

Die meisten Hunde werden als Einzelhunde gehalten. Aber immer häufiger sieht man Menschen, die mit zwei oder sogar drei Hunden spazieren gehen. Der Vorteil von zwei Hunden ist nicht zu übersehen. Sie können miteinander spielen, miteinander kuscheln und miteinander ihr Herrchen/Frauchen glücklich machen. Wir selbst haben immer zwei Hunde gleichzeitig, die sich gut verstehen. Meistens waren es zwei Hündinnen, mit denen wir nur gute Erfahrungen gemacht haben, auch wenn es immer »Secondhand«-Hunde aus dem Tierheim waren und sie teilweise schon im fortgeschrittenen Alter zu uns kamen. Im Moment lebt ein Pärchen bei uns: Lukas, ein mittelgroßer Mischling, und Amira, unsere Rauhaardackelhündin. Ob Sie nun zwei Rüden, zwei Hündinnen oder ein Pärchen nehmen, spielt keine Rolle. Wichtig ist, dass die Hunde sich vertragen und eine Bereicherung für Ihr Leben sind.

Apropos Hundepärchen: Unsere Hunde sind kastriert, dies gilt sowohl für den Rüden, als auch für die Hündin. Wir haben damit gute Erfahrungen gemacht. Unsere Hunde sind ausgeglichen und zufrieden. Wenn kastrierte Hunde ausreichend Bewegung bekommen gibt es meistens keine Gewichtsprobleme. Die kastrierten Hunde sind ausgeglichener und zufriedener. Unkontrollierte Vermehrung besonders von Mischlingshunden ist nicht sinnvoll. Die übervollen Tierheime zeigen dies ganz deutlich. Nur wer Hunde zur verantwortungsbewussten Zucht von charakterlich und gesundheitlich einwandfreien Rassehunden verwenden möchte, sollte Hundewelpen aufziehen. Vermehrung und Aufzucht von Hunden bedeutet eine große Verantwortung, damit die Welpen zu gesunden, gut sozialisierten Hunden heranwachsen können und den Besitzern Freude machen.

II. Hundesport mit kleinen Hunden

Hundesport wird heute nicht mehr ausschließlich von Besitzern bestimmter – großer – Hunderassen ausgeübt. Hundesport ist zu einem Breitensport geworden, wo alle Hundebesitzer willkommen sind. Die Vereine haben sich auch Mischlingshunden und kleinen Hunden geöffnet. Immer mehr Sportarten werden auf die Bedürfnisse und Möglichkeiten kleiner Hunde zugeschnitten, damit sie auch mit ihren körperlichen Gegebenheiten mitmachen können.

Hundesport ist eine optimale Freizeitgestaltung für alle aktiven Hundebesitzer, die gerne mit ihrem Hund arbeiten und sich ausgiebig mit ihm beschäftigen wollen. Gemeinsam mit Gleichgesinnten bietet sich Hundesport als Ausgleich für Stress und Arbeit an. Hundesport entspannt und bietet die Möglichkeit Abstand vom Alltag zu gewinnen. Die ganze Familie kann mitmachen und mit dem Hund arbeiten.

Hundesport ist heute Spaß. Der Hund wird mit Lob und Ansporn veranlasst, die Übungen auszuführen. Brutalität und Strafen haben im heutigen Hundesport keinen Platz mehr.

Sie können Hundesport sowohl im Verein, als auch in kleinen Gruppen oder auch einfach mit Ihrem Hund allein betreiben. Bevor Sie sich für eine der vielen verschiedenen Hundesportarten entscheiden, sollten Sie sich ein genaues Bild über das Wesen Ihres Hundes und über die verschiedenen Sportarten machen. Dann können Sie die Sportart auswählen, die Ihrem Hund und Ihnen am meisten entgegenkommt.

Woher weiß ich, ob eine Sportart oder ein Spiel für meinen Hund geeignet sind?

Jeder Hund hat besondere Talente und Fähigkeiten. Deshalb sollten Sie Sport und Spiel nach diesen auswählen. Dann macht es Ihnen und Ihrem Hund besonders viel Spaß. Beobachten und bewerten Sie

Der Apportierer: Er liebt es, alles und jedes spazieren zu tragen. Es muss nicht immer ein Apportierholz sein.

das natürliche Verhalten Ihres Hundes und nicht, ob er Ihre Befehle ausführt. Zu welchen der folgenden Typen zählt Ihr Hund?

Der Apportierer
Wenn Ihr Hund ständig Sachen herumträgt, Ihnen sein Spielzeug bringt und weggeworfene oder gefundene Gegenstände bringt, hat er das Talent zum Apportieren. Fördern Sie diese Fähigkeit gezielt.

Der Springer
Wenn Ihr Hund auf Stühle, die Couch und die Fensterbank springt, keine Gelegenheit auslässt, um zu springen und zu klettern, macht es ihm Freude, Hindernisse zu überwinden. Wenn seine körperlichen Möglichkeiten dies zulassen, sollten diese Neigungen hundesportlich genutzt werden.

Der Organisierer
Wenn Ihr Hund Ihnen anzeigt, dass etwas Ungewöhnliches geschieht oder das Wasser kocht, Dinge für Sie erledigt, beispielsweise Ihren Korb aufnimmt und stolz vor Ihnen her trägt und sofort versteht, was Sie von ihm wollen, ist er sehr klug. Geben Sie ihm die Möglichkeit, sein Können auch anzuwenden.

Die Wasserratte
Wenn Ihr Hund gerne badet, im Regen spazieren geht, in jede Pfütze springt und am liebsten zu Ihnen in die Badewanne kommt, haben Sie eine kleine Wasserratte zum Freund. Bieten Sie ihm die Gelegenheit, sich so oft wie möglich im Wasser zu bewegen.

Der Ruhige
Wenn Ihr Hund lange braucht, um Ihre Wünsche zu verstehen, sich nicht gerne bewegt und Ihnen lieber zusieht, wenn Sie sich bewegen, ist er ein eher phlegmatischer Typ. Er braucht zum Wohle seiner Gesundheit etwas Motivation.

Der Agile
Wenn Ihr Hund nach einem langen Spaziergang immer noch nicht müde ist, lustig und vergnügt durch die Wohnung tollt und jede Gelegenheit nutzt, sich zu bewegen, ist er ein sehr aktiver Hund und braucht viel Beschäftigung, damit er ausgelastet ist.

Die meisten Hunde sind Mischtypen. Sie vereinen mehrere Talente in ihrer Persönlichkeit. Versuchen Sie, die herausragenden Talente zu fördern und die weniger geliebten Dinge zu akzeptieren. Für jeden Hund gibt es ausreichend Sport- und Spielmöglichkeiten, die seinen Talenten entsprechen und ihm Spaß machen.

Vorbereitung für Sport und Spiel

Bewegung und sportliche Betätigung ist für jeden Hund gut. Aber genau wie bei uns müssen wir den Hund langsam aufbauen und die Fitness stärken. Nur dann kann er seine Leistungsfähigkeit steigern und alle Aktivitäten ohne Schaden mitmachen.

Welpen werden besonders vorsichtig gefordert, da Skelett, Gelenke und Muskulatur noch nicht voll ausgebildet sind. Auch wenn Welpen kleinwüchsiger Rassen weniger Wachstumsprobleme haben, als sehr große Hunde, dürfen sie auf keinen Fall überbelastet werden. Ihr Körper braucht Zeit, um sich gut entwickeln zu können. Überforderungen können zu dauerhaften Schäden führen, die das Leben des Hundes nachhaltig beeinträchtigen können. Schwimmen ist für Welpen eine ideale Möglichkeit, Muskulatur aufzubauen. Durch den Auftrieb im Wasser wird der Hund insgesamt entlastet und so gut trainiert. Die Schwimmdauer darf nicht zu lange sein, in der Regel reichen einige Minuten. Anschließend sollten Welpen gut abgetrocknet werden (siehe Seite 50).

Allgemein gilt, dass die Leistungsdauer langsam gesteigert wird, damit der Körper des Hundes sich auf die steigenden Anforderungen einstellen kann. Dies gilt gleichermaßen für Sport und Spiel. Ein aktiver, gut trainierter Hund kann praktisch alles leisten, was von ihm gefordert wird.

Für alle Sportarten, bei denen es auf Geschwindigkeit ankommt, ist zu beachten, dass der Hund nicht galoppieren muss, denn dann ist das Tempo immer zu schnell. Für längere Strecken ist ein zügiger Trab die richtige Geschwindigkeit, bei der aber auch ausreichend Pausen einzuhalten sind.

Die verschiedenen Hundesportarten

In vielen Vereinen und Ortsgruppen wird Hundesport betrieben. Einige der Sportarten kommen aus Amerika, aber auch in Deutschland, in Österreich und in der Schweiz werden die Sportarten immer weiterentwickelt und den Bedürfnissen und Anlagen auch kleiner Hunde angepasst. Nicht länger steht der Wunsch des Menschen im Vordergrund, Macht über seinen Hund auszuüben und ihn zu bedingungslosem Gehorsam zu zwingen. Spaß und Aktivität sind die Ziele.

Bei den verschiedenen Sportarten und Ausbildungen unterscheiden wir zwischen den Bereichen, die zum Wohle oder Nutzen des Menschen verwendet werden – wie beispielsweise das Rettungshundewesen – und den Sportarten, die einfach nur Spaß machen sollen und den Hund fit und gesund halten. Die Sportarten, die dem Menschen einen Nutzen bringen sollen, sind nur dann geeignet, wenn Ihr Hund sein Wissen und Können später auch anwenden darf, ansonsten kann es sein, dass Ihr Hund verunsichert ist, wenn er in bestimmten Situationen nicht reagieren darf, obwohl er es vorher gründlich gelernt hat. Die anderen Sportarten sind als Freizeitbeschäftigung gedacht und sollen Herr und Hund Freude bringen.

Hier kommt es darauf an, dass der Hund für die Sportart auch geeignet ist. Dies zu überprüfen liegt an Ihnen. Körperliche Gegebenheiten sowie Talente und Fähigkeiten Ihres Hundes spielen für die Auswahl der richtigen Sportart eine große Rolle, denn nur wenn Hund und Sport zusammenpassen, sind Sie und Ihr Hund ein erfolgreiches Team.

Dieses Buch soll Ihnen nur einen Überblick über die Möglichkeiten im Hundesport geben. Wen Sie und Ihr Hund sich für eine der Sportarten begeistern, werden Sie sich selbstverständlich intensiv damit beschäftigen.

Mein kleiner Begleithund

Die Begleithundeprüfung gehört weniger zu den Sportarten, da es darauf ankommt, Gehorsam zu lernen und auch in den verschiedenen Alltagssituationen (Straßenverkehr, Menschenansammlungen, Lärm) ruhig zu reagieren. Diese Ausbildung gewinnt auch durch die Diskussion über Kampfhunde immer mehr an Bedeutung. Der Hund lernt verschiedene Kommandos kennen und befolgen sowie Verhaltensweisen, die für viele Sportarten Voraussetzung sind. Mit diesem Können wird also auch der Einstieg in die verschiedenen Sportarten erleichtert.

Bei der Begleithundeprüfung wird Wert gelegt auf:

- friedliches Verhalten in Menschenansammlungen
- unauffälliges Verhalten
- Gehorsam
- sicheres Verhalten im Straßenverkehr
- zuverlässiges Verhalten in ungewohnten Situationen

Günstig ist es, wenn Ihr Hund eine gute Bindung zu Ihnen hat und bereits als Welpe an viele Situationen herangeführt wurde. Bei dieser Ausbildung können auch Probleme wie Wesensmängel und Aggressionen positiv beeinflusst werden. Sie können die Übungen allein durchführen und den Hund dann zu einer Prüfung anmelden, oder aber zu einem Kurs gehen und dort mit dem Hund üben. Ein Kurs hat den Vorteil, dass der Kursleiter gezielt auf die Prüfung hinarbeitet. Wenn Sie ohne Kurs an der Prüfung teilnehmen wollen, besorgen Sie sich auf jeden Fall die Prüfungsrichtlinien, damit Ihr Hund auch vorher alles richtig lernen kann.

Bei der Prüfung muss der Hund an einem belebten Platz an der Leine gehen ohne zu ziehen, sich setzen, wenn der Führer stehen bleibt und auf das Kommando »Platz!« liegen bleiben. Dabei muss der Hund gehorchen und darf weder Aggressionen noch Unsicherheit oder Angst zeigen. Ein weiterer Prüfungsteil findet in der Natur statt. Dort muss der Hund die Kommandos ohne Leine ausführen, auf Zuruf kommen und ständig Kontakt zu seinem Besitzer halten, indem er sich an diesem orientiert. Die anderen Teilnehmer befinden sich in Sichtweite und dürfen den Hund nicht ablenken. Viel Wert wird auch auf die Unbefangenheit gelegt, also auf die Reaktionen, die der Hund zeigt, wenn Jogger, Radfahrer oder Ähnliches ihm begegnen. Aggressionen und Ungehorsam werden nicht geduldet.

Wichtige Befehle für das tägliche Leben

Neben den Befehlen und Anforderungen aus der Vorbereitung zur Begleithundeprüfung, die aus Ihrem kleinen Hund einen angenehmen Begleiter macht, gibt es noch weitere Befehle, die im täglichen Leben wichtig sind.

»Aus!« oder »Nein!«

Gleichgültig, was Ihr Hund gerade macht, »Aus!« oder »Nein!« bedeutet immer, dass er seine Handlung sofort unterbricht oder den Gegenstand in seinem Fang sofort hergibt. Dabei darf er weder knurren noch schnappen. Dieser Befehl dient der Rangordnung und ist zum Schutzes des Hundes wichtig, beispielsweise, wenn er verdorbenes Futter frisst, aber auch, wenn er verbotene Dinge genommen hat. Die Übung muss konsequent durchgeführt werden, damit er weiß: Hier ist Schluss. Nur dann kann der Befehl im Ernstfall auch wirken.

»Bleib!«
Mit diesem Befehl erreichen Sie, dass Ihr Hund an der von Ihnen gewünschten Stelle verbleibt, auch wenn Sie sich entfernen. Das hat für Sie viele Vorteile, denn in der Stadt oder den verschiedenen Situationen können Sie sich auch einmal ohne Hund bewegen, oder den Hund von einer Menschenansammlung fern halten. Auch in Notfällen haben Sie die Hände frei, wenn Sie einmal gefordert sind. Sie werden merken, wie oft Sie diesen Befehl brauchen können. Es braucht Geduld, dem Hund diesen Befehl verständlich zu machen, da er gerne bei Ihnen ist. Üben Sie langsam mit immer größer werdenden Zeitabständen. Einige Minuten sollte der Hund auf Dauer ohne erneuten Befehl schon aushalten.

Lob und Strafe
Lob und Strafe gehören zu jeder Erziehung und zu jedem gemeinsamen Leben. In einer Partnerschaft äußert sich die Strafe als Streit.
Lob: Ein Hund ist angewiesen auf das Wohlgefallen seines Herren. Ist er mit dem Hund zufrieden und lässt es ihn spüren, fühlt der Hund sich wohl. Ein Lob spornt an und lässt freudig die Dinge tun, die erwartet werden. Lob ist für den Hund lebenswichtig. Das hat man heute erkannt und wendet es regelmäßig an.
Strafe: Leider werden Sie nicht immer ganz ohne Strafe auskommen, denn Fehlverhalten kann man nicht immer übergehen. Eine Strafe sollte aber immer hundegerecht und dem Vergehen angepasst sein, damit er sie auch als Strafe für seine verbotene Tat akzeptieren kann. Viele Hunde können sehr wohl unterscheiden, ob sie zu Recht oder zu Unrecht gestraft werden, weil sie ein natürliches Gerechtigkeitsempfinden haben. In der Regel reicht es aus, wenn Sie Ihren Hund mit strenger Stimme zur Ordnung rufen und ihn auf seinen Platz schicken. Grundsätzlich sollte die Strafe sofort nach der Tat erfolgen, damit der Hund eine Beziehung zu seiner Handlung herstellen kann.

Agility mit meinem Hund

Agility ist ein faszinierender Sport. Da Herr und Hund beide gleichzeitig aktiv sind, tut er auch dem Herrchen gut. Bei Agility muss der Hund einen Parcours mit Hindernissen überwinden. Für den kleinen Hund gibt es spezielle Parcours, bei denen die Hindernisse der Größe der Hunde angepasst sind. Während

Der Sprung durch den Reifen ist immer wieder beeindruckend. Kleine Hunde schaffen ihn sehr gut, wenn er nicht zu hoch hängt.

der Hund den Parcours überwindet, läuft das Herrchen/Frauchen neben dem Hund her, darf diesen aber nicht berühren, sondern nur Kraft seiner Stimme anspornen oder bremsen.

Bei Agility gibt es vier verschiedene Übungsbereiche:

- *Haltezonen:* Start, Ziel, Pausenbereich, Tisch
- *Laufhindernisse:* fester Tunnel, Stofftunnel, Slalom
- *Sprunghindernisse:* Kleinsthindernisse (Kavalettis), Viadukt, Mauer, Weitsprung, Wassergraben, Reifen
- *Kontakthindernisse:* Schrägwand, Laufsteg, Wippe

Das Ziel bei Agility ist, dass der Hund die Hindernisse ohne Pause in der vorgeschriebenen Reihenfolge überwindet. Im Parcours finden wir Hürden, Mauer oder Viadukt, Steilwand, Wippe, Laufsteg, feste und Stofftunnel, Reifen, Weitsprünge, Tisch, (hier verharrt der Hund in einer vom Richter geforderten Position). Ruhezonen, Slalom und Kleinsthindernisse. Die Hindernisse sind so konzipiert, das sie keine Gefahr für den Hund darstellen. Durch den sehr abwechslungsreichen Parcours werden alle Fähigkeiten des Hundes gefordert.

Agility setzt ein großes Vertrauen und ein positives Verhältnis zwischen Herr und Hund voraus, da der Hund nur auf Zuruf reagieren darf. Einmal wird der Hund angespornt, dann wieder gebremst, je nach seinem körperlichen Einsatz. Das Interessante an Agility ist, dass der Parcours immer anders zusammengestellt wird und so auch die Intelligenz des Hundes fordert. Es ist also nie langweilig. Es ist besonders für die Menschen geeignet, die eine Gemeinsamkeit und feste Bindung zu ihrem Hund anstreben und auch erreichen.

Fehler an den Hindernissen, Zeitüberschreitung und Fehlverhalten des Herrn (beispielsweise überwindet er selbst die Hindernisse) führen zu Fehlerpunkten. Bei Verweigerung wird der Hund an diesem Hindernis erneut angesetzt und darf den Parcours fortführen. Bei mehreren Verweigerungen, Entfernen des Hundes vom Parcours und wenn er offensichtlich nicht unter Kontrolle seines Herrchens/Frauchens ist etc. wird das Team disqualifiziert.

Agility: Der Slalom erfordert Konzentration und Beweglichkeit. Fehler geben Minuspunkte.

Einige Agility-Übungen

Slalom: Es werden 8, 10 oder 12 Stangen verwendet. Die Höhe der Stangen soll mindestens zwei Meter betragen, der Abstand variiert zwischen 50 und 65 cm, zwischen den einzelnen Stangen ist er aber immer gleich. Eine für den Hund nicht ganz leichte Aufgabe, denn er muss den Slalom korrekt laufen und dabei ein gutes Tempo vorlegen.

Reifen: Der Sprung durch den Reifen beeindruckt immer wieder. In der Regel lernt der Hund sehr schnell, mit einem eleganten Satz durch den Reifen zu springen.

Laufsteg: Der Laufsteg besteht aus einer Rampe, einem geraden Stück an das sich wieder eine Rampe anschließt. Querleisten geben den nötigen Halt. Die vorgeschriebenen Kontaktzonen müssen vom Hund berührt werden, große Sprünge sind also nicht erlaubt.

Wippe: Die Wippe gehört mit zu den schwierigsten Kontaktzonen-Hindernissen. Viel Übung und Vertrauen ist nötig, bis der Hund sie fehlerfrei und ohne Angst laufen kann. Das gilt besonders für unsere Kleinen, die das Hindernis nicht so einfach übersehen können und aufgrund des mangelnden Gewichtes leicht die Balance verlieren können, wenn die Wippe umschlägt. Bei der Wippe muss der Hund möglichst langsam gehen, damit der Umschlag nicht zu heftig ausfällt. Wenn Ihr Hund erst einmal den Bogen raus hat, ist das Schwierigste überstanden.

Obedience mit meinem Hund

Obedience (»Gehorsam«) stammt aus England, einem Land, in dem Hunde immer eine große Rolle gespielt haben. In Deutschland ist das Angebot noch begrenzt, wird aber ständig ausgeweitet. Bei diesem Hundesport kommt es in erster Linie auf Gehorsam an, und dies auch über größere Entfernungen. Eine feste, partnerschaftliche Bindung zwischen Herr und Hund sollte also angestrebt werden. Auch wenn dies nicht immer der Fall ist, sollten alle Teilnehmer diesen so wichtigen Punkt in den Vordergrund stellen und nicht die Macht, die sie aufgrund von Befehlen und Strafen über den Hund ausüben können. Die einzelnen Punkte erinnern sicher auch an die Begleithund-Ausbildung; »Sitz!«, »Platz!« und »Bleib!« sind wichtige Kommandos.

Es braucht etwas Übung, bis ein Hund die Wippe fehlerfrei und ohne Angst bewältigt. Sie zählt zu den schwierigsten Hindernissen im Agility-Parcours.

Es wird mit und ohne Leine gearbeitet, allein und in der Gruppe (für viele Hunde besonders schwierig). Des Weiteren gehören dazu Distanzkontrolle, Abrufen, Apportieren, Geruchsunterscheidung, Vorausschicken und eine Art Wesenstest. Während der einzelnen Übungen werden auch die Befehle »Steh!«, »Hier!« und »Fuß!« angewendet. Die wichtigsten Befehle und Übungen sind:

»Bei Fuß!«: Gehen mit zwei Stopps, dabei muss sich der Hund setzen. Dabei ist die Gangart einmal normal und einmal langsam. Dazu kommen in beiden Laufarten Kehrtwendungen nach links und nach rechts. Die gleichen Kehrtwendungen werden dann noch im Laufschritt die wiederholt.

»Steh!« und »Sitz!«: Diese Befehle müssen aus der Bewegung heraus befolgt werden. Der Hund verbleibt in der befohlenen Position, bis er abgerufen wird.

»Platz!« und »Steh!«: Der Hund wird 25 Meter vom Standort entfernt durch seinem Führer mit »Platz!« abgelegt. Dann geht der Hundeführer an den Ausgangspunkt zurück und ruft ihn ruft mit »Hier!« ab. Erst jetzt darf der Hund kommen. Nachdem er etwa ein Drittel des Rückweges zurück gelegt hat, folgt der Befehl »Steh!«. Ein weiteres »Hier!« erlaubt dem Hund, den Weg fortzusetzen. Nach dem zweiten Weg-Drittel wird er noch einmal in »Platz« gebracht. Anschließend wird er endgültig mit »Hier!« zurückgerufen.

»Voraus!«: Hierbei wird der Hund etwa 10 Meter »Voraus« geschickt. Dann erhält er das Kommando »Steh!«. Mit »Voraus!« wird er dann in das so genannte Pausenviereck geschickt. Dort erhält er den Befehl »Platz!«. Der Hundebesitzer geht auf den Hund zu, etwa zwei Meter vor ihm biegt er nach rechts ab und geht etwa 10 Meter weiter. Nach einer erneuten Rechtsdrehung geht er noch einmal 10 Meter. Mit »Hier!« wird der Hund abgerufen und geht bei Fuß weiter.

Apport: Bei dieser Übung wird ein Wurfholz über eine Hürde geworfen. Der Hund muss die Hürde überwinden, das Wurfholz aufnehmen und apportieren. Die Hürde wird dabei wieder übersprungen. Der Hund nimmt dann vor Ihnen die Sitzposition ein. Auf »Aus!« muss er das Wurfholz ausgeben.

Apport rechts, links, Mitte: Drei Wurfhölzer werden im Abstand von je fünf Metern auf den Boden gelegt. Hundeführer und Hund begeben sich in 15 Metern Abstand auf die Höhe des mittleren Holzes. Der Hund wird nun »Voraus« geschickt. Nach etwa der halben Distanz bekommt der Hund durch Zeichen und Ruf den Befehl, welches Wurfholz er holen soll.

»Such!«: Bei dieser Übung hält der Hundeführer einen Gegenstand eine Zeit lang in der Hand (Geruch geht über) und kennzeichnet diesen. Dann werden in Abwesenheit von Herrn und Hund sechs gleiche Gegenstände ausgelegt. Im Abstand von 10 Metern wird der Hund losgeschickt »Such und Apport« um den richtigen Gegenstand zu suchen und zu apportieren.

Befehle auf Distanz: Man legt den Hund ab und entfernt sich 15 Meter. Nun bekommt der Hund verschiedene Befehle wie »Platz!«, »Sitz!« und »Steh!«. Die Reihenfolge legt der Prüfer fest, ist also beliebig. Die Haltung des Hundes wird sechsmal geändert. Dann wird der Hund zurückgerufen.

Sitzen in der Gruppe: Alle Wettkampfteilnehmer (Hunde) werden mit jeweils drei Metern Abstand hingesetzt. Die Hundeführer begeben sich außer Sichtweite. Der Hund muss zwei Minuten sitzen bleiben. Dann wird der Hund wieder abgeholt.

Ablenkung: Es wird verfahren wie bei der Übung »Sitzen in der Gruppe«, nur liegen die Hunde vier Minuten lang, während der Prüfer versucht, die Hunde durch Herumgehen zwischen ihnen abzulenken. Dann wird der Hund wieder abgeholt.

Obedience bietet uns die Möglichkeit, gemeinsam mit unserem Hund zu arbeiten und aktiv zu sein. Nur wer diese Gemeinsamkeit anstrebt, wird auch wirklich Spaß an dieser Hundesportart haben. Dies gilt in hohem Maße auch für den Hund.

Tanzen mit dem Hund

Team-dance nach Ekard Lind und überhaupt Tanz mit dem Hund ist eine noch verhältnismäßig neue Sportart. Dabei wird besonders Wert auf eine harmonische Kommunikation zwischen Herr und Hund gelegt. Der partnerschaftliche Umgang mit dem Hund steht im Vordergrund. Es bieten sich vielfältige Möglichkeiten, besonders auch für kleine Hunde, da die einzelnen Übungen auch auf kleine Hunde abgestimmt werden können. Gehorsam und eine enge Bindung an den Menschen sind wichtig, da der Hund auf die Körpersprache des Menschen achten muss. In den achtziger Jahren wurde in mehreren Ländern damit begonnen, die Übungen mit einem Hund mit Musik zu untermalen.

Heute ist Tanz mit dem Hund sehr beliebt, besonders auch für die Hundebesitzer, die sich gerne zum Klang der Musik bewegen. Die auf die Musik abgestimmten Bewegungen sollen ein harmonisches Gesamtbild ergeben. Damit dieses Bild entsteht, wird die Musik weitgehend auf den natürlichen Bewegungsablauf des einzelnen Hundes abgestimmt. Der Hund richtet sich also weniger nach den Klängen der Musik, sondern eher nach den Bewegungen des Menschen.

Beim Tanz mit dem Hund ist von einfachen, harmonischen Bewegungen bis hin zu schwierigen sportlichen Einlagen alles möglich. Deshalb ist diese Sportart für kleine Hunde, aber auch für ältere kleine Hunde, bestens geeignet, weil man besonders gut auf die körperlichen Gegebenheiten des Hundes eingehen kann.

Auch wenn es sich einfach anhört, es erfordert sehr viel Training und Einfühlungsvermögen, um den Hund dazu zu veranlassen, die entsprechenden Bewegungen auszuführen. Es soll ein künstlerisches Gesamtbild entstehen, einfach nur mit dem Hund zur Musik herumtollen hat mit dem Sport an sich nichts zu tun. Perfektion wird nur dann erreicht, wenn ein konsequentes Training durchgeführt wird. Der Mensch wirkt praktisch passiv auf den Hund ein, um ihn zu den Bewegungen im Einklang mit der Musik zu veranlassen. Tanz mit dem Hund setzt ein hohes Maß an Gehorsam und Anpassungsfähigkeit des Hundes voraus. Der Erfolg ist verblüffend.

Mein kleiner Hund als Hütehund

Hütehunde sind eine große Hilfe für den Menschen und schützen die Tiere vor Gefahren. Auch heute noch nehmen sie in der Tierhaltung mit Freilauf eine wichtige Stelle ein. Die Ausbildung zum Hütehund ist nicht ausschließlich großen Hunden vorbehalten. Auch mittelgroße und kleinere Rassen wie Corgi, Shetland Sheepdog und Berger des Pyrénées können diese Arbeit lernen und leisten, wenn die Anlagen vorhanden sind. Eigentlich gilt auch hier, dass der Hund die Ausbildung nur dann machen sollte, wenn er seine Fähigkeiten und

Kenntnisse anschließend auch anwenden kann. Er wird seine Hüteanlagen mit Ihnen auf dem Spaziergang anwenden, indem er immer wieder seine Menschengruppe zusammentreiben wird. Sicher würde er auch gerne das Kaninchen im Auslauf »hüten«, aber ob das Kaninchen daran genauso viel Spaß hat, bleibt dahingestellt. Ein Beispiel dafür ist Anka, die Hündin unserer Bekannten, die pflichtbewusst pausenlos um den Kaninchenauslauf gelaufen ist, und die beiden Zwergkaninchen damit in Angst und Schrecken versetzte. Es dauerte eine ganze Zeit, bis sie das Verbot dieser Tätigkeit wirklich akzeptierte. Auf der anderen Seite erfordert die Ausbildung zum Hütehund Intelligenz, Gehorsam, Disziplin und Sozialverhalten anderen Tieren gegenüber, also Verhaltensweisen, die durchaus zu begrüßen sind. Im ländlichen Bereich kann ein derart ausgebildeter Hund gute Dienste leisten. Ein Hütehund muss selbstständig arbeiten können, schnell kritische Situationen erfassen und auch auf große Distanz unbedingten Gehorsam zeigen. Die große Verantwortung, die der Hund übernehmen muss, erfordert einen guten Teamgeist zwischen Herrn und Hund.

Kleine und mittlere Hunde als Rettungshunde

Rettungshunde haben eine verantwortungsvolle, schwere Aufgabe. Es sind also nur sehr wesensfeste, gut ausgebildete Hunde in der Lage, diese Aufgabe zu erfüllen. Das Wort Rettungshunde schließt im Sprachgebrauch die verschiedenen Anforderungen ein, die oft eine Spezialausbildung nötig machen. So kennen wir Suchhunde, Lawinenhunde und Trümmerhunde. Für viele Bereiche eignen sich auch oder besonders kleine bis mittelgroße Hunde, da diese sehr wendig sind und oft leichter in Trümmerfeldern zurechtkommen, als sehr große Rassen. Die Ausbildung erfordert nicht nur vom Hund, sondern auch von Herrchen/Frauchen einen hohen Einsatz, da ein schlecht ausgebildeter Hund für sich und die Menschen eine Gefahr bedeuten kann. Eine positive enge Beziehung zu seinem Menschen und guter Teamgeist sind selbstverständlich. Bei einer so guten, wertvollen Ausbildung wäre es schade, wenn der Hund seine Kenntnisse nicht anwenden kann.

Welpenspielkurse

Hundewelpen lernen von ihren Müttern, den Geschwistern und den Menschen. Nach der Trennung von der Mutter hat der Welpe nicht mehr die Möglichkeit, von anderen Hunden zu lernen, denn die meisten Hunde werden heute immer noch allein gehalten. Bei Welpenspielkursen oder Welpenspieltagen lernt der Welpe den Umgang mit anderen Welpen und erwachsenen Hunden. Dies ist wichtig für ein gutes Sozialverhalten, da ihm die Verhaltensweisen anderer Hunde vertraut sind und er sich darauf einstellen kann. Gerade für kleine Hunderassen ist der richtige Umgang mit großen Hunderassen sehr wichtig.

Erster Gehorsam

Bereits im Welpenalter legen wir den Grundstein für den Gehorsam des Hundes. Hierbei muss man allerdings sein Alter und das daraus resultierende Verhalten berücksichtigen. Wer seinen Welpen überfordert, erzieht ihn zu einem unsicheren Hund, der kein Selbstvertrauen aufbauen kann. Achten Sie darauf, wie Ihr Welpe sich verhält. Wenn er sitzt, sagen Sie »Sitz« und loben ihn dafür. Das machen Sie auch mit anderen Situationen wie »Platz« etc. So prägen sich fast unbemerkt die Verhaltensweisen mit den richtigen Kommandos ein. Im Spiel veranlassen Sie den Welpen ohne Zwang, eine dieser Körperhaltungen einzunehmen. Dazu geben Sie vorher das entsprechende Kommando. So lernt er den Zusammenhang zwischen Ihrem Kommando und seinem Verhalten. Natürlich wird er ausgiebig gelobt. Wenn erst einmal ein Verständnis vorhanden ist, korrigieren Sie seine Körperhaltung etwas, bis diese Ihren Vorstellungen entspricht. Beziehen Sie alle Kommandos für eine Begleithundeprüfung und die Kommandos, die Ihnen außerdem wichtig sind, mit ein.

Klettern und Springen gehören nicht zu diesem Lernprozess. Das darf der Welpe erst, wenn seine Knochen gefestigt und die Muskulatur so weit ausgebildet ist, dass er die Übungen ohne Schaden zu nehmen auch leisten kann.

Kontakt mit verschiedenen Situationen

In Haus und Garten ist besonders der kleine Hund nur wenig verschiedenen Situationen ausgesetzt. Das Umfeld ist gleich, die Personen schnell vertraut, interessante Erlebnisse bleiben aus. Auch auf den Spaziergängen geschieht nicht viel, weil immer die gleichen Wege gegangen werden. Dabei ist es

Gemeinsam sind wir stark. Welpenspieltage fördern Mut und Sozialverhalten.

besonders für Welpen wichtig, mit Neuem konfrontiert zu werden. Dadurch lernen sie sich schnell und ohne Angst auf neue Situationen einzustellen und diese zu akzeptieren. Bei Welpenspieltagen werden Welpen gezielt mit verschiedenen Materialien, Gegenständen und Situationen konfrontiert, damit sie möglichst viel lernen.

Durch die Welpenspielkurse werden die Welpen mit neuen, oft noch unbekannten Situationen vertraut gemacht, ihr Sozialverhalten wird gefördert und sie werden auf Spiel und Sport vorbereitet. Auch wenn Sie später mit Ihrem kleinen Hund keinen Sport im Verein betreiben wollen, sollten Sie auf jeden Fall Welpenspieltage besuchen, und sei es nur, um dadurch Anregungen für die richtige Behandlung Ihres Hundes zu bekommen.

Wenig geeignete Hundesportarten

Es gibt viele verschiedene Hundesportarten und viele davon sind auch für kleine Hunde geeignet. Man solle aber nicht mit Gewalt versuchen, alle Hundesportarten auch für kleine Hunde geeignet zu machen. Kleine Hunde können Großes leisten. Wer damit nicht zufrieden ist und nicht auf die Bedürfnisse und Fähigkeiten des Hundes Rücksicht nehmen will, sollte sich lieber einen großen Hund anschaffen oder besser noch, er sollte ganz auf Hundehaltung verzichten, da es ihm offensichtlich mehr um den Sport und die Macht über den Hund, als um das Tier selbst geht.

Flyball

Flyball ist eine verhältnismäßig neue Hundesportart, die in Amerika sehr beliebt ist. Der Hund überwindet selbstständig mehrere Hindernisse, löst einen Mechanismus aus, ein Ball wird herausgeschleudert und vom Hund gefangen. Diesen apportiert er beim erneuten Überwinden der Hindernisse. Hierbei kommt es besonders auf Sprungkraft an, die aber von den meisten kleinen Hunden nicht geleistet werden sollte.

Jagdhundausbildung

Eine Jagdhundausbildung ist nur für die Hunde sinnvoll, die anschließend auch zur Jagd mitgenommen werden. Ansonsten sollte man besser darauf verzichten, denn es kann den Umgang mit dem Hund schwieriger machen. Für die Jagd werden allerdings auch kleine Hunde wie beispielsweise Dackel eingesetzt. Aber wie gesagt, Jagdhunde gehören nur in die Hände von Fachleuten.

Schutzhundausbildung

Als Schutzhund sollten nur die Hunde ausgebildet werden, die später auch im Schutzdienst eingesetzt werden. Das sind große Rassen, die aufgrund ihrer Kraft und Charaktereigenschaften auch einen wirklichen Schutz bieten können. Diese Ausbildung ist außerdem nicht ungefährlich, da sie Aggressionen fördern kann. Kleine Hunde sind hierfür nicht geeignet.

III. Spielen mit kleinen Hunden

Beim Spiel kommt es besonders auf Spaß und Geschicklichkeit an. Beides sollte nicht zu kurz kommen. Ein positiver Nebeneffekt ist dabei, dass der Hund Befehle in entspannter Atmosphäre lernen und wiederholen kann. Viele der Spiele können Sie auch im Haus und in der Wohnung spielen. Hundehaltung soll Freude machen und nicht nur eine lästige Pflicht sein.

Wir unterscheiden:

- Spiele im Freien
- Intelligenzspiele (trainieren die Auffassungsgabe)
- Spiele im Haus
- spielerisch Gehorsam leisten
- Vertrauen fördernde Spiele
- Schmusen – das schönste Spiel

Spielen mit dem Hund ist eine echte Bereicherung Ihres Alltages und trägt in hohem Maße auch zu Ihrer Entspannung und Ihrem Wohlbefinden bei. Ein glücklicher Hund ist die Belohnung für den Spaß, den sie miteinander haben.

Was und wie viel kann ein Hund lernen?

Diese Frage beschäftigt fast jeden Hundebesitzer. Dabei kommt es natürlich auf den Hund an, der entweder lernbereit ist oder eher etwas eigenwillig. In der Regel kann jeder Hund viel lernen, nicht immer allerdings entspricht der Erfolg unseren Vorstellungen und Wünschen. Hierbei heißt es dann, Letztere dem Können des Hundes anzupassen und keine zu hohen Erwartungen zu stellen. Während beim Hundesport der Hund aus seiner Alltagssituation herausgelöst ist, also praktisch »zur Arbeit« geht oder »seinem Hobby« nachgeht, gelten beim Spiel für ihn andere Regeln. Er wird mehr sein normales Verhalten einbringen.

Auch lernen Hunde mit unterschiedlichem Interesse. Unsere Jenny beispielsweise setzte alles daran, eine Aufgabe zu lösen, beziehungsweise unsere Anforderungen zu erfüllen. Konzentriert achtete sie auf uns, um schnell zu begreifen, was von ihr verlangt wurde. Der Erfolg stellte sich daraufhin auch immer schon sehr schnell ein. Sobald sie aber die Übung beherrschte, war sie nur noch mit Mühe dazu zu bringen, diese auszuführen. »Was willst du, ich kann es doch!«, schien ihr Blick zu sagen. Unsere Jessy hingegen, beide wurden gemeinsam bei uns aufgezogen, lernte nur sehr schwer, obwohl Jenny es ihr vormachte. Es dauerte beispielsweise ein halbes Jahr, bis sie einigermaßen erfolgreich apportieren konnte. Dabei gab sie aber nie auf und blieb dabei, bis sie die gestellte Aufgabe bewältigte. Dann war sie sehr stolz und zeigte über die Jahre ihres Lebens hinweg gerne und begeistert ihr Können. Sie sehen also, wie verschieden Hunde sein können. Es gibt auch Hunde, die kein Interesse am gemeinsamen Spiel haben. Häufig sind es aber die Hunde, mit denen niemals gespielt wird, und mit denen man sich nicht beschäftigt hat. Sie kennen die entspannte Situation nicht. Aber auch mit Hunden, denen es an Interesse mangelt, kann man noch spielen und ihnen zur gemeinsamen Freude viele Spiele beibringen.

Spiel und Spaß auch ohne Verein

Sport und Spaß kann man auch gut ohne Verein haben. Grundbedingung ist, dass Sie gleichbleibend immer nach bestimmten Regeln vorgehen. Nur dann weiß Ihr Hund, was Sie von ihm erwarten und kann sich voll einsetzen. Sie können sich auch Anregungen bei den verschiedenen Hundesportarten holen, diese auch vermischen oder aber den Sport genau auf die speziellen Fähigkeiten Ihres Hundes abstimmen. Das hat den Vorteil, dass Sie Problembereiche einfach ausklammern können oder durch andere Sequenzen ersetzen, die Ihrem Hund mehr liegen.

Viele der lustigen Spiele ergeben sich oft rein zufällig. So zum Beispiel das Luftschlangenspiel (Seite 64). Zur Geburtstagsparty unserer Tochter, wir erwarteten sehr viele Kinder, wurde das Haus mit Luftschlangen geschmückt. Lukas, unser damals zwei Jahre alter Hund, sollte im Schlafzimmer vor den Zugriffen der Kinder geschützt werden. Während der Feier entwischte er und stürzte sich ins Getümmel. Die Luftschlangen waren sein höchstes Glück, er sprang hinein, rollte sich herum und war begeistert. Er war unter keinen Umständen bereit, diesen herrlichen Spielplatz wieder zu verlassen. Kinder und Hund waren gleichermaßen begeistert. Seitdem gehört das Spiel zu unserem festen Repertoire.

In Haushalt und Natur finden sich viele Dinge, die für Spiel und Spaß geeignet sind. Es darf auch der ausgediente Teddybär aus dem Kinderzimmer sein.

Ausstattung für Sport und Spiel

Die Ausstattung bei den verschiedenen Hundesportarten richtet sich nach den entsprechenden Anforderungen und Regeln der Sportart und der Größe des Hundes. Wurfhölzer, Bälle etc. eignen sich dafür. Hundespielsachen sollten heute keine Wünsche offen lassen. Leider sind diese Dinge in der Regel sehr teuer und gefallen meist eher dem Besitzer (Kunststoffhuhn, Kunststoffbriefträger, Kunststoff- oder Fellkatze, Kunststoffpolitiker etc.). Nicht immer ist der Spielwert gewährleistet. Für die verschiedenen Hundesportarten sind die Gegenstände meist vorgeschrieben oder in ihrer Auswahl begrenzt. Daran müssen Sie sich natürlich halten. Aber auch im Haushalt oder in der Natur finden wir viele Dinge, die sich als Spielzeug eignen oder uns zu einem Spiel animieren. Beispiele sind alte Handtücher, Stofftiere, der Hundegröße angepasste Zweige, Äste oder andere natürliche Dinge. Auch Strümpfe bieten viele Spielmöglichkeiten. Man kann einen Ball, eine Kunststoffflasche oder Leckerli einknoten und somit einen Apportiergegenstand basteln. Eine aus grobem Stoff selbst genähte Salami ist ein ideales Spielzeug und Apportierstück. Der Fantasie sind hier keine Grenzen gesetzt, die finanzielle Seite fällt nicht ins Gewicht, denn viele dieser Spielzeuge gibt es kostenlos oder ganz billig.

Aber auch andere Dinge sind erforderlich oder sinnvoll. Halsbänder und Hundeleinen, Näpfe und Pflegeartikel werden benötigt. Die Preislage dieser Artikel variiert von ganz günstig bis sehr teuer. Es liegt allein in Ihrem Ermessen, ob die Leine und das Halsband schlicht, bunt oder extravagant ist. Dem Hund ist es egal.

Unterscheiden müssen wir also zwischen Dingen, die für Spiel und Spaß erforderlich sind und Dingen, die wir als Hundebesitzer gerne hätten.

Wasser sollte auf längeren Touren immer dabei sein. Bei sehr kleinen Hunden empfiehlt sich ein Rucksack oder Korb (Fahrradtouren), in dem er im Notfall Platz hat und sich ausruhen kann.

So bauen Sie einen Parcours

Einen Parcours finden wir fast nur auf Hundeplätzen und in Hundeschulen. Dazu gehören dann verschiedene Geräte, die von Laien nur sehr schwer herzustellen sind. Allerdings macht es auch Hunden ohne Verein Spaß, über einen Parcours zu gehen. Mit Fantasie und Improvisationstalent können Sie einen genau auf die Fähigkeiten und Talente Ihres Minis abgestimmten Parcours bauen. Konzipieren Sie ihn so, dass er in wenigen Minuten auf- und abgebaut ist. Durch die Auswahl der richtigen Zubehörteile ist er auch gar nicht teuer. Und wenn er nicht genau den Anforderungen der Vereine entspricht, macht es nichts, Hauptsache Sie und Ihr Hund haben Spaß.

Geeignete Materialien und Zubehörteile

- Leiter (gerade und lang)
- Besenstiele
- Wanderstäbe
- Stuhl
- Tische (niedrig, eventuell Dreier-Satz ineinander passend)
- Bettlaken
- Metallringe
- Pappkartons verschiedener Größe
- Besen aus Naturborsten
- Katzentoilette ohne Deckel (für kleine Hunde Katzentoilette für Katzenkinder)

Die Leiter

Verwenden Sie eine gerade Leiter von etwa 2,50 Metern Länge. Diese wird auf den glatten Boden gelegt. So kann Ihr Hund die einzelnen Sprossen mit seinen Pfoten übersteigen. Diese Übung können fast alle Hunde ausführen, nur wenn sie ein sehr langes Rückgrat haben, ist der Abstand zwischen den einzelnen Sprossen zu klein. Lehnen Sie die Leiter nicht als Rampe gegen einen Tisch oder auf zwei Böcke, denn mit Abstand zum Erdboden ist die Leiter für kleine Hunde zu gefährlich.

Besenstiele und Wanderstäbe

Sie eignen sich zum Aufbau eines Slaloms. Der Abstand zwischen den einzelnen Stäben sollte in etwa der Körperlänge des Hundes entsprechen oder etwas größer sein. Jeder Hund kann Slalom laufen, die Geschwindigkeit entspricht dem Körperbau des Hundes.

Sie können mit diesen Hilfsmitteln auch Sprunghindernisse bauen.

Das Leitersteigen ist eine schwierige, aber wichtige Anforderung für Rettungshunde. Im Spiel sollte die Leiter aus Gründen der Sicherheit aber immer auf dem flachen Boden liegen.

Dazu nehmen Sie pro Stiel zwei kleine Pappkartons in der gewünschten Hindernishöhe. Schneiden Sie an je einer Seite eine kleine Rundung hinein. Dort hinein legen Sie jeweils die Enden des Besenstiels. Die Rundung sollte so flach sein, dass der Stiel bei starker Berührung herunterrollen kann, ohne den Hund zu verletzen.

Stuhl
Unter einem Stuhl kann man hindurchkriechen, ein etwas größerer Hund kann draufspringen und auf der anderen Seite wieder herunter, man kann aber auch die einzelnen Beine umrunden.

Tische
Mit Tischen kann man viel anfangen. Wenn sie groß genug sind, kann der Hund um die einzelnen Beine herum laufen, er kann darunter hindurchkriechen oder auf einen niedrigen Tisch springen. Ein Dreier-Set kleiner Tische kann für nicht ganz so kleine Hunde als »Treppe« benutzt werden, indem man sie hintereinander stellt.

Bettlaken und Metallringe
Aus einem alten Bettlaken und einem Metallring können Sie einen prima Stofftunnel basteln. Der Ring sollte so groß sein, dass der Hund aufrecht durchlaufen kann, der Stoff liegt flach auf dem Boden. Der Hund betritt den Tunnel durch den Ring und robbt dann bis zum Ende. Auch hier können Sie problemlos noch einen weiteren Ring anbringen.

Pappkartons
Mit Pappkartons lässt sich viel anfangen. Sie kosten nichts und anschließend kann man sie einfach zum Altpapier geben. Aus Pappkartons lassen sich feste Tunnel, Mauern und Viadukte bauen. Für einen Tunnel verwenden Sie gleich große Pappkartons, die mit Klebeband zusammengeklebt werden. Die Größe wird so bemessen, dass der Hund leicht hindurchkriechen kann. Als Mauer stellen Sie kleine Kartons neben- und aufeinander, entsprechend der Größe Ihres Hundes.

Besen mit Naturborsten
Sie ergeben ein gutes Hindernis. Verwenden Sie dazu Besen, wie man sie früher auf einem Stiel montiert hat. Legen Sie ein bis zwei Besen auf den Boden, die Borsten zeigen nach oben. Für sehr kleine Hunde haben Sie so ein Hindernis, für größere Hunde ein Kleinsthindernis nach Agility.

Katzentoilette ohne Deckel (Plastikschale)
Sie eignen sich als Wassergraben, da sie nicht so hoch sind. Die rechteckige Toilette bietet zwei Sprungweiten. Für sehr kleine Hunde verwenden Sie eine Toilette für Katzenkinder. Die sind etwas niedriger und kleiner.

Ein Parcours sollte möglichst abwechslungsreich sein. Dadurch hat der Hund mehr Spaß und wird auch mehr gefordert, indem er sich

»Für mich ist kein Hindernis zu hoch«: Kleine Hunde geben alles, um die gestellten Aufgaben zu erfüllen.

immer auf eine neue Situation einstellen muss. Vor und nach einer Höchstleistung sollte immer eine leichte Einlage erfolgen, damit der Hund einen Ausgleich hat. Bei der Auswahl der Hindernisse müssen Sie darauf achten, dass der gesamte Bewegungsapparat und alle Muskeln gleichmäßig be- und entlastet werden. Eine Überbelastung durch

immer gleich bleibende Bewegungsabläufe kann bei längerfristiger Arbeit zu gesundheitlichen Problemen führen.
Wenn Ihr Hund den Parcours ohne Ihre Hilfe überwinden soll (was eine besonders große Leistung ist), müssen die Hindernisse immer in der gleichen Reihenfolge aufgebaut werden, damit er weiß, welches Hindernis als Nächstes dran ist. Sie können ihn aber auch durch Kommandos zu den verschiedenen Hindernissen schicken; auch das ist eine Höchstleistung. Wenn Ihr Hund beide Leistungen mit nur mäßigem Erfolg ausführt, ist er trotzdem super. Ein Lob ist angebracht. Um ihn zu unterstützen, laufen Sie einfach neben den Hindernissen mit, ungefähr auf gleicher Höhe mit dem Hund. Das spornt ihn allein durch Ihre Nähe an, eine besonders gute Leistung zu erbringen.
Erschweren können Sie die Aufgabe, wenn Ihr Hund auf den Parcours Gegenstände mitbringen soll. Diese müssen leicht sein und gut im Fang liegen, dass er damit auch Hindernisse überwinden kann und durch die Größe nicht verletzt oder behindert wird. (In einem Tuch beispielsweise könnte er hängen bleiben und stürzen.)
Einen einfachen Parcours können Sie in Ermangelung eines Gartens auch auf einer Wiese (Besitzer fragen), in einem Park oder einer nicht befahrenen Strasse aufbauen, wenn Sie den Boden nicht beschädigen (keine Stäbe einschlagen, keine Farbmarkierungen anbringen).

Sicherheit für den Hund
Sicherheit steht immer ganz vorne. Verwenden Sie keine zu hohen Hindernisse, an denen sich der Hund verletzen könnte, oder aus denen Nägel herausstehen. Prüfen Sie also vor Arbeitsbeginn, ob auch alle Hindernisse sicher sind. Seile und Netze beispielsweise sind Fallen, der Hund kann sich darin verheddern und Verletzungen an den Läufen oder an der Wirbelsäule davontragen. Bei der Beachtung der Sicherheit geht es nicht darum, dem Hund den Spaß zu nehmen, sondern ausschließlich um seine Gesundheit und sein Wohlbefinden.

Spiele im Freien

Spiele im Freien sind die schönsten Spiele überhaupt. Dabei kommt es gar nicht auf das Wetter an, denn Hund und Herrchen/Frauchen sind durch Spaziergänge in der Natur abgehärtet und wasserfest. Die Natur bietet uns viele Spielmöglichkeiten, aber auch in der Stadt findet sich immer ein Plätzchen für Spiel und Spaß.

Kinder und Hunde lernen gleichmaßen im gemeinsamen Spiel Konzentration und Rücksichtnahme.

Versteckspiel
Zubehör: Versteckmöglichkeiten
Jetzt geht's los: Wenn Ihr Hund einmal nicht auf Sie achtet, verstecken Sie sich schnell hinter einem Baum oder Busch. Der Hund sucht Sie und freut sich, wenn er Sie findet. Viel Begeisterung Ihrerseits und ein dickes Lob machen das Spiel noch schöner.
So lernt Ihr Hund das Spiel: Nicht jeder Hund erfasst den Sinn des Spiels sofort. Damit er nicht erschrickt und keine Angst hat, rufen Sie ihn, wenn er Sie vermisst. Noch einfacher ist es, wenn Sie zu zweit sind und einer sich versteckt, während der andere mit dem Hund sucht. So versteht er schneller und Sie haben ein lustiges Familienspiel.

Hindernislauf
Zubehör: Verschiedene Hindernisse, nicht zu hoch, maximal bis zur Schulterhöhe des Hundes
Jetzt geht's los: Bauen Sie Ihren Parcours auf. Positionieren Sie den Hund am Start. Auf Ihr Zeichen (Pfiff, Ruf, Handzeichen) soll der Hund schnell und fehlerlos den Parcours überwinden. Das Ziel können Sie sein, Sie können ihn aber auch neben den Hindernissen begleiten und ihn so besser kontrollieren und korrigieren. Wenn es klappt, ist auch Ihr kleiner Hund stolz auf seine Leistung.
So lernt Ihr Hund das Spiel: Beginnen Sie, indem Sie ihn ein Hindernis überwinden oder abarbeiten lassen. Dabei nehmen Sie ihn an die Leine und machen es gemeinsam. Stellen Sie sich einfach auf die andere Seite des Hindernisses und locken ihn zu sich. Erst wenn er das kann, nehmen Sie ein anderes Hindernis, zuerst immer nur einzeln, dann in der Kombination. Auch hierbei gilt: Übung macht den Meister.

Apportieren
Zubehör: Apportierholz, Stöckchen, Ball, Stoffwurst
Jetzt geht's los: Rufen Sie Ihren Hund zu sich und zeigen Sie ihm den Gegenstand. Dann werfen Sie den Gegenstand (Sie brauchen nicht darauf spucken, Ihr Hund findet ihn auch so) fort. Der Hund läuft hinterher, sucht und findet ihn. Er bringt ihn zurück und liefert ihn ab. Dazu ist es sinnvoll, wenn er sich vor Sie hinsetzt und Sie ihm den Gegenstand aus der Fang nehmen können, er kann ihn Ihnen aber auch zu Füßen werfen. Sie können aus der Übergabe aber auch (die meisten Fachleute lehnen es ab, es macht aber mehr Spaß) noch ein kleines Kampfspiel machen. Wenn Sie so tun, als ob Sie dem Hund die Beute abnehmen wollen, erlauben Sie ihm einfach, sich ein bisschen wichtig zu machen.

So lernt Ihr Hund das Spiel: Nicht jedem Hund ist es angeboren, Dinge zu apportieren, aber jeder Hund kann es lernen. Üben Sie mit ihm, indem Sie den Gegenstand nur eine sehr kleine Entfernung werfen, sodass Sie ihn fast gleichzeitig mit dem Hund erreichen. Nimmt Ihr Hund diesen auf, ziehen Sie ihn sanft zu sich heran und nehmen ihm den Gegenstand ab, anschließend loben Sie ihn. Dann machen Sie eine kurze Pause. Nimmt er ihn nicht, stecken Sie ihn dem Hund in die sanft in den Fang, dann loben und den Gegenstand übernehmen. Wenn er bei kleiner Entfernung das Lernziel erreicht hat, wird die Entfernung langsam immer größer.

Wer gewinnt

Zubehör: reißfestes Tuch

Jetzt geht's los: Nehmen Sie das Tuch in die Hand und fordern Sie den Hund auf, es an der anderen Seite zu fassen. Dann ziehen Sie vorsichtig daran. Der Hund will das Tuch behalten und zieht auch daran. Motivieren Sie ihn mit anfeuernden, lobenden Worten. Knurrend und zerrend wird er die Beute verteidigen. Mindestens jedes zweite Mal geht der Hund als verdienter Sieger aus dem Spiel.

So lernt Ihr Hund das Spiel: In der Übungsphase bewegen Sie das Tuch vor der Nase des Hundes hin und her, um seinen Beutetrieb zu wecken. Falls dies nicht hilft, nehmen Sie das Tuch in die offene Hand, legen ein paar Stückchen Trockenfutter hinein und reiben mit der Hand ein paar Mal hin und her. Das Trockenfutter herausnehmen und die so präparierte Seite vor der Hundenase schwenken.

Wettlauf

Zubehör: Leckerli oder Ball

Jetzt geht's los: Werfen Sie den Ball weit von sich. Dann starten Sie möglichst schnell, damit der Vorsprung des Hundes nicht so groß ist. Meist wird Ihr Hund zuerst am Ball sein, aber die Übung tut auch Ihnen gut. Auch während eines Spaziergangs können Sie Ihren Hund gut zu einem Wettlauf motivieren. Rennen Sie einfach los, er wird – meistens mit Erfolg – versuchen, Sie zu überholen. Dann wird zur Belohnung geschmust.

So lernt Ihr Hund das Spiel: Damit er begreift, worum es geht, können Sie auch ein Leckerli werfen. In der Regel lernt ein Hund dieses Spiel aber sehr schnell, da Sie durch Ihren körperlichen Einsatz deutliche Zeichen setzen.

Suchspiel

Zubehör: Spielzeug oder Leckerli, Decke oder Zeitung

Jetzt geht's los: Verstecken Sie das

Dank der guten Nase ist der Fährtenlauf selbst im Schnee für unsere Vierbeiner eher eine spielerische Herausforderung.

Spielzeug unter einer Decke (einer Plastikschüssel etc.). Dann fordern Sie ihn auf »Such den Ball« (benutzen Sie das Wort, das er für den Gegenstand kennt). Immer wenn er in die Nähe des versteckten Gegenstandes kommt, spornen Sie ihn an, wenn er falsch ist, sagen Sie liebevoll: »Da nicht«. Schnell wird er die Trophäe gefunden haben.
So lernt Ihr Hund das Spiel: Verstecken Sie ein gut duftendes Leckerli. Dann fordern Sie den Hund mit Ihren Kommandos auf. Gehen Sie dabei gemeinsam zu dem versteckten Leckerli. Suchen Sie dabei auffällig mit. Wenn Sie es dann »gefunden« haben, bekommt er es natürlich. Schnell wird Ihr Hund dem Kommando auch ohne Ihre Hilfe folgen. Ziehen Sie sich dann immer mehr zurück.

Fährtenlauf
Zubehör: Leckerli oder Apportierholz
Jetzt geht's los: Legen Sie sorgfältig eine Fährte für Ihren Hund, indem Sie ohne ihn auf einem Weg, einer Wiese oder einem Feld mit kleinen Schritten gerade Linien mit rechten Winkeln laufen. So können Sie die Arbeit des Hundes überprüfen. Die einzelnen Geraden sollten nicht zu dicht nebeneinander liegen. Markieren Sie für den Hund nicht erkennbar die Kurven. Am Ende der Fährte wartet die Trophäe. Anschließend setzen Sie den Hund an einer langen Leine oder einer Flexi-Leine am Anfang der Fährte an. Fordern Sie ihn auf, die Trophäe zu suchen. Wenn er von der Fährte abkommt, weisen Sie ihn darauf hin, indem Sie beispielsweise »nein« sagen und ihn ein Stück vorher erneut ansetzen. Am Ende der Fährte winkt die (immer) verdiente Belohnung.
So lernt Ihr Hund das Spiel: Legen Sie die Fährte im Beisein Ihres Hundes. Legen Sie in geringem Abstand Leckerli auf die Fährte und lassen Sie ihn sofort fährten. Der Abstand zwischen den einzelnen Leckerli wird von Mal zu Mal vergrößert und der Hund ist bei der Fährtenlegung nicht mehr dabei, wenn er erst einmal den Grundbegriff erfasst hat. Mit fortschreitendem Erfolg liegt dann nur noch an den rechten Winkeln ein Leckerli. Jetzt kann er es auch bald ohne. Einige Hunde schaffen es, auch schwierige Wege zu gehen, bei anderen ist ein einfacher Weg mit einem oder zwei Winkeln schon eine große Leistung. Wir geben uns auch damit zufrieden – Hauptsache es macht Spaß!

Fang den Hund
Dieses Spiel sollten Sie nur dann mit Ihrem Hund spielen, wenn er

nach dem Spiel auf Ihren Befehl hin sofort zu Ihnen kommt und sich anleinen lässt. Unsere beiden Hunde wissen genau, wann sie kommen müssen oder wann gespielt wird. Nach dem Spiel lassen sich Lukas und Amira gehorsam anleinen.

Zubehör: Herr und Hund

Jetzt geht's los: Versuchen Sie, Ihren Hund zu fangen. Er läuft vor Ihnen weg, bleibt aber immer in der Nähe. Laufen Sie freundlich motivierend hinter ihm her. Dabei kommt es nicht auf Ihre Laufleistung an, Sie können sich in einem kleinen Kreis von ein, zwei Metern bewegen. Der Hund umkreist Sie, gerne auch laut bellend oder spitzbübisch schauend, wenn Sie ihn wieder nicht gefangen haben.

So lernt Ihr Hund das Spiel: Gehen Sie freundlich und auffordernd auf den Hund zu und wieder zurück, versuchen Sie, ihn mit den Händen zu erreichen, es gelingt Ihnen aber nicht. Durch Ihre Aktivitäten wird Ihr Hund angeregt, sich Ihren Bewegungen anzuschließen. Wenn Sie Aktivität ausstrahlen, macht Ihr Hund von ganz alleine mit.

Wasserspiele

Wasser ist für viele Hunde eine beliebte Möglichkeit zu spielen. Keine Pfütze ist zu klein, kein Teich vor ihnen sicher. Natürlich gibt es auch Hunde, die vorsichtig um jede Pfütze herumgehen, damit die wertvollen kleinen Pfötchen nicht nass werden. Für diese etwas wasserscheuen Gesellen sollten wir die Wasserspiele ausfallen lassen, denn es soll ja Spaß machen. Für die Wasserspiele gilt das Gleiche wie für Ihre Wasser-Wellness. Nur in für den Hund wirklich ganz sicheren Gewässern spielen und baden, denn wenn der Hund in Gefahr gerät und Sie ihn retten wollen, kann es auch für Sie gefährlich werden.

Spiele im Wasser sind natürlich nur in der warmen Jahreszeit und bei entsprechender Wassertemperatur sinnvoll. Nur ausgesprochene »Wasserhunde« dürfen auch sonst baden.

Der nasse Hund

Ein nasser Hund kann sehr schnell krank w den, deshalb müssen Sie Vorsorge treff Gewähren Sie ihm ausreichend Gelegenh sich gründlich trocken zu laufen. Mit ein alten Handtuch können Sie ihn auch abtro nen, dies ist besonders bei Hunden mit s dickem Fell wichtig, da Sie dabei auch unteren Bereiche des Fells erreichen könn Viele Hunde lassen sich auch föhnen. So k der Trockenvorgang deutlich beschleun werden. Ein nasser Hund sollte nicht angeb den werden. Wenn er zudem noch der Zug ausgesetzt ist, läuft er Gefahr, sich ernsthaf erkälten.

Aus dem Wasser apportieren
Zubehör: Stöckchen oder Ball
Jetzt geht's los: Werfen Sie ein Stöckchen ins flache Wasser. Der Hund holt es unter großem Körpereinsatz heraus und bringt es Ihnen. Der Stock sollte nicht zu groß sein, da es schon anstrengend genug ist, den Stock im Wasser überhaupt zu erreichen.
So lernt Ihr Hund das Spiel: Gut ist es, wenn der Hund bereits apportieren kann, dann lernt er sehr schnell, seine Fähigkeiten auch im Wasser anzuwenden. Wenn das nicht der Fall ist, werfen Sie das Stöckchen in Ufernähe ins Wasser, damit er es gut sehen kann. So erleichtern Sie ihm die Arbeit. Wenn er das kann, werfen Sie es immer weiter ins Wasser hinaus, aber nur so weit, dass Ihr Hund das Stöckchen ohne Überanstrengung holen kann.

Tipp Weitere Wasserspiele finden Sie in den Kapiteln »Aqua-Wellness« (Seite 72), »Aqua-Sport mit meinem Hund« (Seite 74), »Beachfun – Strand und Spaß« (Seite 76) und »Schwimmen mit meinem Hund« (Seite 82).

Die Stadt als Spielplatz

In der Stadt ist es manchmal etwas schwieriger, einen »Spielplatz« für Hunde zu finden. Nicht überall sind wir als Team gerne gesehen. Deshalb sind Kinderspielplätze, befahrene Straßen und volle Fußgängerzonen für uns und unsere Spiele tabu. Mit Recht beschweren sich andere Menschen, wenn unser Hund sein Geschäft überall hinterlässt, fremde Menschen und besonders Kinder einfach anspringt und sie laut bellend umspielt. Dies zu verhindern liegt an uns. Ein gut erzogener Hund und ein Besitzer, der weiß, was sich gehört, werden von fast allen Menschen akzeptiert oder geduldet, meist sogar mit Freude beobachtet.

Am Straßenrand ist immer Stopp
Das ist eigentlich kein Spiel, sondern ein Überlebenstraining, denn sonst können Sie Ihren Hund in der Stadt niemals von der Leine lassen.
So lernt Ihr Hund: Nehmen Sie ihn an die Leine. Am Straßenrand bleiben Sie stehen und sagen Sie »Sitz« oder »Setz dich hin«. Wenn Sie die Straße überqueren können, geben Sie Ihrem Hund ein Kommando »Los, auf geht's!« oder etwas Ähnliches. Erst dann darf er

gehen. Wenn es sehr gut mit der Leine klappt, üben Sie an wenig befahrener Straße ohne Leine. Ein verkehrssicherer Hund ist in der Stadt sehr wichtig. Beachten Sie aber, dass man sich nicht auf alle Hunde wirklich verlassen kann. Dann führen Sie ihn zu seinem und anderer Menschen Schutz lieber an der Leine.

Verstecken in Hauseingängen

Zubehör: Eine ruhige Straße mit Hauseingängen, deren Türen etwas zurückgesetzt sind

Jetzt geht's los: Gehen Sie gemütlich spazieren. Wenn Ihr Hund Sie nicht beachtet, verstecken Sie sich in einem Hauseingang. Er wird überrascht sein, wohin Sie so schnell verschwunden sind und freut sich sehr, wenn er Sie gefunden hat. Natürlich lassen Sie ihn bei diesem Spiel nicht aus den Augen, damit er nicht verloren geht und auch nicht die Hauseingänge verunreinigt. Verbleiben Sie nur kurz, um den Hausbewohnern nicht lästig zu werden.

So lernt Ihr Hund das Spiel: Nehmen Sie ihn an die Leine und gehen Sie kurz in einen Hauseingang und gleich wieder heraus. Ohne Leine machen Sie es dann genauso. Auf diese Weise lernt er, wo Sie sein könnten.

Fußball

Zubehör: Ein Fußball in passender Größe für Ihren Hund

Jetzt geht's los: Fußball ist zwar kein eigentliches Stadtspiel, lässt sich dort aber gut spielen, weil Sie nicht so viel Platz brauchen. Nehmen Sie den Fußball und dribbeln Sie mit ihm auf einem ruhigen Platz herum. Der Hund soll den Fußball auch bekommen, sonst wird ihm das Spiel langweilig.

So lernt Ihr Hund das Spiel: Für dieses Spiel braucht es keine große Lernphase, die Bewegung des Balles allein schon regt den Hund zum Mitmachen an.

Weitere Spielmöglichkeiten in der Stadt:

- Laternenslalom
- Parkuhrumrundung
- unter Bänken durchlaufen

Intelligenzspiele (trainieren die Auffassungsgabe)

Intelligenzspiele erlauben es dem Hund, seine Fähigkeiten unter Beweis zu stellen. Gerade die Intelligenz wird bei Hunden zugunsten ihrer körperlichen Möglichkeiten oft vernachlässigt. Auch hier gilt:

Beobachten Sie den Hund genau. Durch sein Verhalten zeigt er Ihnen, was er besonders gut aufnimmt und umsetzt. Dann können Sie ihn gezielt daraufhin trainieren. Durch das Erfolgserlebnis machen die Spiele dem Hund besonders viel Spaß.
Ihr Hund kann mehrere der Intelligenzspiele erlernen. Durch die verschiedenen Spiele wird das Leben für ihn weitaus interessanter und aufregender.

Gegenstände erkennen
Zubehör: Verschiedene Gegenstände wie Ball, Tuch und Gummitier
Jetzt geht's los: Legen Sie das gewünschte Spielzeug zusammen mit den anderen Dingen auf den Boden. Dann sagen Sie zu Ihrem Hund: »Hol den Ball!«. Wenn der Hund den Ball kennt, nimmt er ihn gezielt aus den Gegenständen heraus und bringt ihn. Das Spiel kann man dadurch ausweiten und interessanter machen, indem man die Gegenstände in ein anderes Zimmer legt oder unter einer Decke versteckt. So muss der Hund intensiver suchen. Wenn der Hund das Spiel mit dem Ball beherrscht, üben Sie mit einem weiteren Gegenstand, beispielsweise dem Gummitier. Lassen Sie ihn die Gegenstände abwechselnd, aber auch mehrmals hintereinander holen. Sie werden feststellen, dass der Hund genau weiß, was er holen soll. Noch interessanter wird das Spiel, wenn Sie den Gegenstand vorher »wichtig« machen. Legen Sie den Gegenstand nach dem Spiel für den Hund sichtbar, aber unerreichbar hin. Wenn Sie ihn zum erneuten Spiel in die Hand nehmen, sehen Sie schon, wie die Aufmerksamkeit Ihres Hundes gesteigert wird. Zeigen Sie ihm den Gegenstand, legen Sie ihn noch einmal kurz weg, die Spannung steigt und das Spiel kann beginnen.
So lernt Ihr Hund das Spiel: Nicht jeder Hund versteht sofort, was Sie von ihm wollen. Beginnen Sie mit dem Lieblingsspielzeug Ihres Hundes, welches Sie immer mit Namen nennen, wenn er damit spielt. So lernt er die Verbindung zwischen Ihrem Wort und seinem Spielzeug. Nehmen Sie es auch selbst in die Hand: »Schau hier, dein Ball!« Ein bisschen Ballspiel unterstützt den Lerneffekt.

Geräusche unterscheiden
Zubehör: Ihre Hände, eine Zeitung oder Ähnliches
Jetzt geht's los: Bei diesem Spiel nutzen Sie das gute Gehör Ihres Hundes. Ihr Hund beweist seine Fähigkeit schon damit, dass er auf die verschiedenen Geräusche richtig reagiert. Dies lässt sich zu einem Spiel ausbauen.

So lernt Ihr Hund das Spiel: Klatschen Sie in die Hände oder schlagen Sie auf Ihre Beine. Das Geräusch aktiviert die Aufmerksamkeit Ihres Hundes. Nun gibt es ein positives Erlebnis, beispielsweise ein Leckerchen, ein Spiel oder einen Spaziergang. Wichtig ist, dass eine positive Verbindung zum Geräusch entsteht. Legen Sie fest, welches Geräusch zu welcher Handlung gehört, damit Ihr Hund sich darauf verlassen kann. So lernt er verschiedene Geräusche mit verschiedenen Begebenheiten in Verbindung zu bringen.

Tellerklappern

Zubehör: Teller und Gabel

Jetzt geht's los: Klappern Sie mit einer Gabel gegen einen Teller. Sofort wird sich Ihr Hund in Richtung Küche in Bewegung setzen, wenn er dort dann sein Futter bekommt. Natürlich muss er dann auch etwas bekommen. Hunde verbinden Geräusche mit ganz bestimmten Ereignissen. Das erkennen Sie auch daran, dass Ihr Hund auf das Geräusch eines fahrenden Autos reagiert, wenn Sie das Fahrzeug noch gar nicht hören. Er weiß schon ganz genau, dass Herrchen oder Frauchen nach Hause kommt. Ihr Hund irrt sich nie.

So lernt Ihr Hund das Spiel: Dieses Spiel lernt Ihr Hund meist von Ihnen unbemerkt. Sie wundern sich höchstens erst einmal, warum er in die Küche kommt. Übung ist also fast nicht nötig.

Gerüche beurteilen

Zubehör: Nahrungsmittel und Gegenstände mit verschiedenen Gerüchen, Schüsseln, Tassen oder Blumentöpfe

Jetzt geht's los: Stellen Sie mehrere (3 – 5) Tassen in einer Reihe auf, mit der Öffnung nach unten. Unter einer Tasse verstecken Sie ein Leckerli, unter einer anderen Tasse ein wenig geliebtes Futter, eine Tasse bleibt leer. Dann lassen Sie Ihren Hund an den Tassen riechen. Er wird sehr schnell sein Leckerli herausfinden. Beim nächsten Mal verstecken Sie es unter einer anderen Tasse, so trainiert er seinen Geruchssinn und muss überlegen, wo sich sein Leckerli befindet.

So lernt der Hund das Spiel: Wenn Ihr Hund Probleme hat, das Spiel zu verstehen, legen Sie vor die »richtige« Tasse noch ein Leckerli, um ihm den Weg zu zeigen. Sie können auch einige Zeit das Leckerli immer unter die gleiche Tasse legen und dann unter die Tasse daneben, bis er es verstanden hat.

»Geh in die Küche!«

Zubehör: Ihre Stimme

Jetzt geht's los: Fordern Sie Ihren

Hund auf, in einen bestimmten Raum zu gehen. »Geh in die Küche!«, dort wartet natürlich eine Überraschung auf ihn. Das kann das Herrchen/Frauchen, ein Leckerchen oder ein Spielzeug sein. So lernt der Hund, die verschiedenen Bereiche im Haus kennen und bekommt etwas Bewegung, ohne das Mobiliar zu beanspruchen.

So lernt Ihr Hund das Spiel: Immer wenn Sie mit Ihrem Hund ein Zimmer betreten, sagen Sie den entsprechenden Namen. Um das Spiel zu erlernen und zu sehen, dass es etwas Positives ist, geht eine weitere Bezugsperson des Hundes in den entsprechenden Raum. Wenn Sie den Hund in den Raum schicken, macht sich die Person in dem Raum bemerkbar und ruft ihn, falls es nicht klappt. Dann folgt das positive Erlebnis für den Hund. Schnell hat er es begriffen.

Die so genannten Kunststückchen

Mit Kunststückchen bezeichnen wir die Lernerfolge, die ein Hund auf bestimmte Kommandos vorführt. Hunde finden gerne Beachtung und lernen oder können Kunststückchen. Sie zeigen diese in der Regel gern, um ihrem Herrchen zu gefallen, und Lob und Aufmerksamkeit zu erzielen.

Auch können Sie durch die Vorführung der verschiedenen Kunststückchen bei Freunden und Bekannten Eindruck machen. Ihr Hund wird diese Aufmerksamkeit genießen und gerne ein paar zusätzliche Streicheleinheiten einheimsen. Es versteht sich von selbst, dass wir unseren Hund bei diesen Kunststückchen nicht lächerlich machen. Trotzdem fördert es die Intelligenz und den Eifer des Hundes, wenn er verschiedene Kunststückchen vorführen kann.

Bei den Kunststückchen kommt es besonders darauf an, die Begabung und die Neigung des Hundes zu fördern. Viele lustige Kunststückchen ergeben sich aus seinem natürlichen Verhalten. Viele Hunde machen ganz von allein Kunststückchen. So gibt es Hunde, die:

- Gegenstände in ihrem Korb sammeln
- selbstständig klingeln
- Knochen vergraben
- ungeliebtes Futter oder Tabletten verstecken
- »stehlen«
- ihre Schätze zeigen

Diese Fähigkeiten lassen sich gut zu einer zirkusreifen Nummer ausbauen.

Ich bin die Größte: Selbstüberschätzung liegt in der Natur vieler kleiner Hunde.

Wichtig

Ihr Hund ist sehr intelligent. Er kann viele Dinge lernen, die Sie ihm beibringen. Aber überlegen Sie vorher genau, ob Sie anschließend mit dem Ergebnis auch leben können. Wenn Sie ihm beispielsweise beibringen eine Tür zu öffnen, wird er diese Fähigkeit auch zu seinem Vorteil einsetzen. Sie werden es nicht mehr lustig finden, wenn er Ihnen in den Supermarkt folgt oder selbstständig Spaziergänge unternimmt.

Probleme kann es geben wenn er:

- Türen öffnet
- Dinge vom Tisch nimmt
- die Couch als Trampolin benutzt
- nach Ihren Händen schnappt
- Sie und andere Menschen anspringt
- sich im Bett versteckt

Alles Übungen, die Sie ihm ohne größere Mühen beibringen können, die sich dann aber im Zusammenleben als störende Unarten erweisen. Machen Sie den Hund nicht für menschliche Fehler verantwortlich, denken Sie vorher nach. So ersparen Sie sich Stresssituationen und Ärger. Anders sieht es aus, wenn Ihr Hund diese Dinge alleine macht oder bei seinem Vorbesitzer gelernt hat. Hier braucht es viel Geduld und Liebe, um das Fehlverhalten in ein Positivverhalten umzukehren. Wenn Sie Ihren Hund dabei erwischen, wie er beispielsweise die Tür öffnet, schicken Sie ihn konsequent auf seinen Platz. Oft zeigt er aber schon durch sein Verhalten, was er gleich tun wird. Lachen Sie nicht, auch nicht, wenn Sie Besuch haben, lenken Sie ihn durch ein anderes Spiel ab. Öffnet Ihr Hund Türen können Sie Drehknöpfe montieren oder einfach die Türen abschließen. Nach mehreren vergeblichen Versuchen wird Ihr Hund das »Spiel« nicht mehr lustig finden, da sein Erfolg ausbleibt. Schließen Sie die Schlafzimmertür, wenn er während Ihrer Abwesenheit ins Bett geht. Mit ganz einfachen Methoden können Sie also viel tun, um das Verhalten Ihres Hundes zu ändern.

Männchen machen
Zubehör: Leckerli zur Motivation
Jetzt geht's los: Lassen Sie den Hund vor sich in Sitzposition gehen oder stehen. Dann geben Sie ihm das Kommando: »Mach Männchen!«. Die meisten Hunde bewegen beim Männchen-Machen auch noch die Vorderpfoten, das sieht so aus, als würden sie »bitte, bitte« machen oder die Pfötchen ringen. Mit Ihrer erhobenen Hand können Sie eine Kreisbewegung ausführen. Das veranlasst den Hund, diese auf den Hinterbeinen stehend auch auszuführen. Es sieht aus, als würde Ihr Hund tanzen.
So lernt Ihr Hund das Spiel: Nehmen Sie das Leckerli in die Hand, lassen Sie Ihren Hund daran riechen und heben Sie die Hand so weit hoch, dass er auf den Hinterbeinen stehen muss, wenn er es erreichen will. Dazu sagen Sie: »Mach Männchen!«. Der Hund verbindet Leckerli, Handbewegung und Stimme miteinander. Lassen Sie ihn nicht zu lange auf die Belohnung warten. Mit fortschreitender Übung macht er es auch ohne Leckerli.
Achtung: Männchen-Machen ist für Hunde mit langer Wirbelsäule und für schwere Hunderassen nicht geeignet.

Pfötchen geben
Zubehör: Ihre Stimme
Jetzt geht's los: Lassen Sie Ihren Hund vor sich »Sitz« machen. Dann fordern Sie ihn auf »Pfötchen« zu geben oder »Guten Tag« zu sagen. Schütteln Sie ihm die erhobene Pfote und sprechen Sie freundlich auf ihn ein. Mit etwas Übung lernt er auch, wenn Sie ihn um die linke oder um die rechte Pfote bitten.
So lernt Ihr Hund das Spiel: Lassen Sie Ihren Hund »Sitz« machen. Während Sie das Kommando geben, nehmen Sie die entsprechende Pfote und heben Sie diese etwas an. Dann loben Sie Ihren Hund. Bald hat er begriffen, dass auf die erhobene Pfote hin ein Lob folgt.

Aufräumen oder Sammeln
Zubehör: Alles, was sich gut tragen lässt
Jetzt geht's los: »Komm aufräumen!«, damit können Sie Ihren kleinen Sammler dazu veranlassen, seine Spielsachen in seinen Korb oder auf seinen Platz zu tragen. Da er sowieso gerne alles unter seiner Kontrolle hat, wird er das Spiel schnell begreifen und gerne mitmachen.
So lernt Ihr Hund das Spiel: Immer wenn Ihr Hund einen Gegenstand nimmt und in Richtung Korb geht, sagen Sie lobend das Kommando.

Männchen machen: Das sieht ja schon gut aus. Liebe und Geduld sind wichtig auf dem Weg zum Erfolg.

Legen Sie ihm auch Gegenstände vor die Nase und fordern Sie ihn auf, diese in seinen Korb zu bringen.

An der Haustür klingeln

Zubehör: Eine für Ihren kleinen Hund mit der Pfote erreichbare Klingel

Jetzt geht's los: Fordern Sie Ihren Hund durch das Kommando »Geh klingeln!« auf. Er läuft zur Klingel und drückt mit der Nase oder mit der Pfote auf den Knopf. Daraufhin muss natürlich die Tür von innen geöffnet werden. Ein ausgiebiges Lob, eventuell ein Leckerli, machen die Übung interessant. Ein Vorteil dieser Übung ist, dass wenn Sie mit vollen Händen nach Hause kommen, Ihr Hund künftig für Sie klingeln kann.

So lernt Ihr Hund das Spiel: Gehen Sie mit ihm zu der Klingel. Zeigen Sie ihm zuerst, wie es geht und geben Sie dabei das Kommando. Dann nehmen Sie seine Pfote und drücken damit auf den Knopf. Jetzt muss die Reaktion von innen kommen. Helfen Sie solange nach, bis es funktioniert. Ein bisschen Leberwurst auf der Klingel erleichtert die Übung mit dem Fang.

Gegenstände verstecken

Zubehör: Verschiedene Lieblingsdinge

Jetzt geht's los: Nehmen Sie das Lieblingsspielzeug Ihres Hundes und zeigen Sie ihm, dass Sie es haben. Machen Sie viel Aufhebens davon, Sie werden sehen, er will es auf jeden Fall. Lassen Sie es »aus Versehen« fallen. Er wird es nehmen und wegtragen, damit Sie es nicht bekommen. Suchen Sie es mit viel Aufwand, ohne es zu finden, sprechen Sie dabei mit sich selbst, wo es wohl sein könnte. Kommen Sie seinem Spielzeug dabei immer näher, ohne es zu beachten. Ihr Hund wird versuchen, es erneut vor Ihnen in Sicherheit zu bringen.

So lernt der Hund das Spiel: Wenn es nicht gleich klappt, werfen Sie das Spielzeug einfach dort hin, wo Ihr Hund immer seine Sachen versteckt. Dann gehen Sie wie oben vor, wiederholen Sie den Vorgang. Dabei geben Sie Ihrem Hund immer wieder unauffällig die Gelegenheit, sich seines Spielzeuges zu bemächtigen. Einige Hunde brauchen etwas mehr Übung.

Tot stellen oder »Wie schläft der Hund?«

Zubehör: eine Decke

Jetzt geht s los: Das Spiel ist allseits bekannt, wird aber immer wieder gerne gespielt. Legen Sie die Decke auf den Boden. »Wie schläft der Hund?«, fragen Sie dann. Der Hund legt sich auf den Boden und zieht

Der Sammler: Er fühlt sich wohl, wenn er seine Spielsachen unter Kontrolle hat.

die Decke über sich. Dabei streckt er alle Beine von sich und schließt die Augen, meist blinzelt er aber neugierig, ob Sie seine Leistung auch entsprechend bewundern. Die Frage »Na, hast Du schon ausgeschlafen?« veranlasst ihn, wieder aufzustehen und sich ausgiebig loben zu lassen.

So lernt Ihr Hund das Spiel: Legen

Sie ihn sanft auf die Seite und decken Sie ihn mit einer Decke liebevoll zu. Dabei geben Sie die entsprechenden Kommandos. Es kann eine Weile dauern, bis er die Decke selbstständig über sich zieht.

Ball auf der Nase
Zubehör: kleiner Ball
Jetzt geht's los: Legen Sie Ihrem Hund den kleinen Ball auf die Nase und passen Sie auf, dass er nicht herunterfällt. Es bedarf sicher einiger Übung, bis er begriffen hat, worauf es ankommt, dann wird er sich aber sehr geschickt anstellen. Viele Menschen verwenden für dieses Spiel ein Leckerli, das finden wir unfair, wir möchten auch unser Essen nicht auf der Nase haben ohne es nehmen zu dürfen.
So lernt Ihr Hund das Spiel: Wenn es am Anfang Schwierigkeiten gibt, versuchen Sie es mit einem Würfel. Er liegt besser und die Leistung Ihres Hundes ist trotzdem prima.

Spiele im Haus

Manchmal fehlt einfach die Zeit oder man hat keine Lust, einen Spaziergang zu machen. Trotzdem möchten Hund und Herrchen Spaß haben und der Hund braucht Beschäftigung. Kein Problem, auch im Haus kann man prima spielen. Selbstverständlich wird dabei auf die Einrichtung Rücksicht genommen. Da der Bewegungsspielraum begrenzt ist, müssen wir auf Geschicklichkeitsspiele und Spiele mit kurzen Bewegungsabläufen zurückgreifen. Diese machen auch Spaß und der Hund wird müde.

Ball spielen
Zubehör: ein kleiner Ball
Jetzt geht's los: Rollen Sie den Ball ans andere Ende des Zimmers. Dann lassen Sie den Hund apportieren. Eine lustige Variante ist es, wenn Sie mit ihm auf allen Vieren um die Wette laufen, aber nur dann zu empfehlen, wenn Sie sportlich und mit Ihrem Hund alleine sind.
So lernt Ihr Hund das Spiel: Rollen Sie den Ball, dann fordern Sie Ihren Hund auf, den Ball zu holen. Gehen Sie mit ihm gemeinsam zum Ball. Geben Sie ihm den Ball in den Fang und gehen Sie gemeinsam zurück. Dort übernehmen Sie den Ball. Wenn der Hund apportieren kann ist es kein Problem, aber auch so lernt er es sehr schnell.

Verstecken in der Wohnung
Zubehör: Ihren Hund und Sie
Jetzt geht's los: Verstecken Sie sich hinter einer Tür oder hinter einem Sessel. Dann rufen Sie Ihren Hund. Seien Sie ganz still, bis er Sie

Das Spiel »Pack den Ball« braucht kaum ein Hund erst zu lernen. Nicht wirklich hat der menschliche Mitspieler dabei eine Chance, den Ball vor dem Hund zu fassen. Selbst wenn letzterer freiwillig ein paar Schritte zurücktritt.

gefunden hat. Das Spiel können Sie so lange wiederholen, wie es Ihrem Hund Spaß macht. Mit etwas Geschick lernt Ihr Hund, sich auch zu verstecken. Verderben Sie ihm nicht den Spaß, wenn er mit dem Fang um die Ecke guckt um sich zu überzeugen, dass Sie auch mitmachen. Suchen Sie ihn erst einmal und zeigen Sie angemessene Freude, wenn Sie ihn gefunden haben.
So lernt Ihr Hund das Spiel: Wecken Sie seine Aufmerksamkeit. Dann verstecken Sie sich, schauen Sie um die Ecke, damit er Sie sehen kann oder machen Sie Geräusche. Rufen Sie ihn, falls es immer noch nicht reicht. Bald brauchen Sie sich nur noch zu verstecken.

Luftschlangen-Tanz
Zubehör: viele Luftschlangen
Jetzt geht's los: Blasen Sie so viele Luftschlangen aus, dass ein richtiger Berg entsteht. Damit behängen Sie sich und Ihren Hund. Dann tanzen Sie zur Musik im Zimmer herum. Fordern Sie Ihren Hund auf mitzumachen. Der Hund sieht die Luftschlangen als Spielzeug an, schüttelt sich und verheddert sich darin. Das spornt ihn zu immer neuen Aktivitäten an. Der Vorteil, die Luftschlangen zerreißen schnell und engen den Hund nicht ein. Eine Balgerei auf dem Boden ist der krönende Abschluss.
So lernt Ihr Hund das Spiel: Wenn Ihr Hund ängstlich auf die vielen Luftschlangen reagiert, beginnen Sie mit einer oder zwei und nehmen Sie schrittweise immer mehr. So kommt er langsam auf den Geschmack.

Zeitung lesen
Zubehör: eine Zeitung
Jetzt geht's los: Breiten Sie die Zeitung auf dem Boden aus, setzen Sie sich dazu und tun Sie so, als würden Sie lesen. Ihr Hund kommt sicher gleich dazu, um zu sehen, was Sie da tun. Dabei setzt er sich meistens auf die Zeitung, um auch ja alles mitzubekommen. Streicheln Sie ihn etwas und beginnen Sie dann, ihn in die Zeitung einzuwickeln. Dabei wird er nicht eingeengt, sondern nur motiviert, sich mit der Zeitung zu beschäftigen. Schnell kann ein lustiger Ringkampf entstehen.
So lernt Ihr Hund das Spiel: Legen Sie eine Zeitung auf den Boden, damit er daran schnuppern kann und sich mit ihr vertraut macht. Dann nehmen Sie die einzelnen Blätter und legen ihm diese auf den Rücken. So gewöhnen Sie ihn langsam an das raschelnde Papier.

Luftballonjagd
Zubehör: mehrere Luftballons
Jetzt geht's los: Blasen Sie einen

Luftballon auf und werfen Sie ihn auf den Boden, damit Ihr Hund aufmerksam wird. Werfen Sie den Luftballon dann etwas in die Luft und lassen Sie Ihren Hund damit spielen. Da der Luftballon anders reagiert, als ein Ball, ist das Spiel interessant und lustig. Mit etwas Geduld bringen Sie Ihrem Hund bei, mit Ihnen Kopfball zu spielen. Wir gewöhnen unsere Hunde an den Knall, indem wir in einem anderen Zimmer den Luftballon platzen lassen und sprechen. So bringen sie es positiv mit uns in Verbindung und kommen schnell, um an den interessanten Dingen teilzuhaben. Die Angst verliert sich so meist schon nach kurzer Zeit.

So lernt Ihr Hund das Spiel: Lassen Sie ihn an dem aufgeblasenen Luftballon schnuppern und warten Sie einfach ab, wie sich das Spiel entwickelt.

Achtung: Dieses Spiel ist nicht für alle Hunde geeignet. Während einige Hunde begeistert sind, haben andere Hunde Angst vor dem Knall. Mit ängstlichen Hunden sollte dieses Spiel nicht gespielt werden. Kaputte Luftballons nicht zum Spielen lassen.

Spielerisch Gehorsam lernen

Hundebesitzer haben sehr ausgeprägte Meinungen über richtige Hundeerziehung. Diese Meinungen sind aber sehr unterschiedlich. Eine allein seligmachende Wahrheit gibt es allerdings nicht, spielt doch der Charakter eines Hundes eine große Rolle. Während einige Hundebesitzer darauf beharren, dass ein Hund entweder »arbeiten« oder »spielen« soll, da er sonst nicht unterscheiden kann, vermischen andere Hundebesitzer mit genau dem gleichen Erfolg beide Komponenten miteinander. Unsere Hunde haben es immer problemlos geschafft, sich auf die verschiedenen Situationen einzustellen. Wir können mit ihnen im Garten spielen und arbeiten, bei der Arbeit spielerische Elemente einfließen lassen und sie im Spiel Kommandos lehren und diese üben. Wir gehen dabei auf die Wünsche der Hunde ein, und diese wiederum wissen ganz genau, wann wieder der Ernst des Lebens beginnt und akzeptieren dies als selbstverständlich. Dazu reicht es aus, wenn wir mit freundlich fester Stimme das Spiel unterbrechen, eine kleine Pause machen um die Anspannung zu durchbrechen und dann wieder mit der Arbeit beginnen, die dann aber auch konsequent durchgeführt wird. Auf die Wünsche des Hundes eingehen heißt, dass eine enge, partnerschaftliche Bindung zwischen Herr und Hund besteht. Der Hund hat sein Herrchen als Rudelführer akzeptiert und setzt voraus, dass dieser die richtigen Entscheidungen trifft. Wer nur um seine Ruhe zu haben auf die Wünsche des Hundes eingeht, setzt damit das Signal, dass der Platz als Rudelführer vakant ist. Der Hund wird sich nicht scheuen, diesen Platz für sich zu beanspruchen.

An der Leine gehen

Die Leine ist ein wichtiger Gebrauchsgegenstand für Hundebesitzer. Sie schützt den Hund vor Unfällen, verhindert ein Entlaufen und ist eine direkte, fast körperliche Verbindung zwischen Mensch und Hund. Mit der Leine soll der Hund positive Dinge verbinden, beispielsweise den ersehnten Spaziergang. Deshalb wird der Hund auch grundsätzlich nie mit der Leine geschlagen (Schläge sind überhaupt nur der Ausdruck der Hilflosigkeit des Herrn) oder anderweitig gestraft. Damit Ihr Hund die Leine als etwas Positives ansieht, legen Sie diese neben seinen Korb oder in die Nähe des Futterplatzes. So kann der Hund Kontakt und Geruch aufnehmen. Wenn Sie Ihren Hund anleinen, sollte das positive Erlebnis auch gleich folgen. Auch wenn es er sich in den ersten Tagen etwas störrisch zeigt, geben Sie nicht auf. Leinen Sie ihn immer nur wenige Minuten an, damit er sich daran gewöhnen kann. Während der Zeit wird Positives (möglichst) gelobt, aber jedes Fehlverhalten sofort korrigiert, da sich dieses sonst als richtig einprägt. Es ist nicht sinnvoll, den Hund an einer langen Flexi-Leine hinter sich her zu ziehen und immer lobend zu sagen: »Schön bei Fuß!«. Sprechen Sie bei den ersten Gehversuchen mit Ihrem Hund, damit er etwas abgelenkt ist. Achten Sie von Anfang an darauf, dass der Hund nicht an der Leine zieht, immer wieder zurückrufen, loben und Geduld bringt Sie ans Ziel. Ziehen an der Leine ist nicht nur für Sie unangenehm, es schadet auch dem Halsbereich des Hundes. Eine gute Methode um den Hund am Ziehen zu hindern ist, wenn Sie sofort wenn die Leine gespannt wird, die Richtung wechseln. Das können Sie beliebig oft tun. Der Hund konzentriert sich so auf Sie und die neue Richtung. Er lernt dabei, mit Ihnen gemeinsam zu gehen. Heute hat die Leine noch mehr an Bedeutung gewonnen, da Sie sich und Ihren Hund, auch wenn er nur klein ist, damit vor Aggressionen nicht informierter Kampfhundegegner schützen.

Verwenden Sie für Ihren Hund ein weiches oder ein Lederhalsband. Es liegt so am Hals an, dass es nicht beengt, aber auch nicht über den Kopf gestreift werden kann. Es sollte nicht zu schmal sein. Ein Zug- oder Kettenhalsband eignet sich nicht und ist für einen kleinen Hund nicht erforderlich. Das Halsband sollte der Hund nur dann tragen, wenn es benötigt wird, da durch dauerhaften Gebrauch das Fell im Halsbereich leiden kann. Die Leine muss in Größe und Gewicht zum Hund passen. Ob Sie eine Flexi-Leine verwenden wollen oder nicht, liegt in Ihrem Ermessen, der Hund hat damit mehr Bewegungsfreiheit, unterliegt aber trotzdem Ihrer Kontrolle. Eine kleine, leichte Leine kann man bei Spaziergängen sich selbst um den Hals oder um die Hüften legen und hat so die Hände frei.

Kommandos erlernen

Lassen Sie die Kommandos in die Spielphasen einfließen. Dies geht auch bei älteren Hunden gut, denn Hunde können in jedem Alter lernen. Auch werden viele Spiele interessanter, wenn der Hund einige Kommandos beherrscht oder sie werden durch die Kommandos erst möglich. Die Lernphasen sollten immer nur kurz sein, damit kein Druck auf den Hund ausgeübt wird. Er wird Ihre Wünsche als Teil des Spieles ansehen und gerne mitmachen. Die verschiedenen Positionen werden im Spielverlauf immer wieder verlangt, dadurch lernt der Hund leichter.

Kommandos festigen und wiederholen

Für Sie und Ihren Hund ist es wichtig, dass er die gelernten Kommandos regelmäßig wiederholt, sonst kann es sein, dass der Erfolg mit der Zeit ausbleibt. Nicht immer haben Sie aber Lust, eine konsequente Arbeit einfließen zu lassen. In diesem Fall verwenden Sie Spiele, in denen die Kommandos eine Rolle spielen oder Sie diese einfügen können. Gestalten Sie das Spiel so, dass die Kommandos ein Teil des Spieles werden. So vergisst der Hund die Kommandos nicht. Dabei dürfen Sie natürlich die wirklichen Übungen nicht vergessen. Auch hier gilt wieder: Der Hund muss wissen, wann gespielt wird und wann es ernst ist. Durch die regelmäßige Wiederholung der Kommandos im Spiel oder durch Übungen erreichen Sie, dass die Kommandos beim Hund immer präsent sind und Ihr Hund sein Leben lang ein gut erzogener, treuer Partner bleibt.

Spaß am Gehorsam

Wenn Sie Gehorsam und Kommandos für den Hund mit positiven Erlebnissen verbinden und eine gute, kameradschaftliche Beziehung zu ihm aufbauen, wird er Ihnen gerne gehorchen und genauso viel Freude an Ihnen haben, wie Sie an Ihrem braven Hund. Dann gehorcht er auch in Extremfällen. Die modernen Sportarten bei denen Herr und Hund gemeinsam tätig sind und das, was die Hunde dabei leisten, zeigen deutlich, dass dies der richtige Weg ist.

Spiele zur Vertiefung des Vertrauens

Diese Spiele bieten sich besonders für Welpen an, da diese in der Prägephase sehr aufnahmebereit sind und den körperlichen Umgang mit ihrem Menschen als Selbstverständlichkeit lernen müssen. Es wird verhindert, dass aus dem offenen, zutraulichen Hundekind ein handscheuer, ängstlicher Hund wird. Mit dem ersten Kontakt kann man, soweit die Mutterhündin es zulässt, gar nicht früh genug beginnen. Mit fortschreitender Entwicklung wird aus dem Streicheln dann Spiel. Als positiven Nebeneffekt erzielen wir eine optimale motorische und geistige Entwicklung.

Streicheln bedeutet für den Hund sehr viel. Zärtlichkeit, Lob, Trost und Kraft können Sie mit Ihren Händen vermitteln. Körperkontakt ist für Hunde eine starke Ausdrucksform. So lecken sie sich gegenseitig am Fang, belecken ihr Herrchen an den Händen, möglichst auch im Gesicht. Lecken ist für Hunde ein artgerechtes Verhalten, auch wenn es uns meist unangenehm ist. Streicheleinheiten versteht Ihr Hund besonders gut.

Aber auch der erwachsene Hund kann noch Vertrauen entwickeln. Auch dies geschieht am besten im Spiel und völlig ohne Druck. Beim erwachsenen Hund gehen wir noch behutsamer vor, da er durch sein früheres Leben bereits geprägt ist. Diese Prägung gilt es vorsichtig und sorgsam in die gewünschten Bahnen zu lenken.

Wichtigste Voraussetzung für den Erfolg sowohl beim Welpen als auch beim erwachsenen Hund ist, dass er niemals geärgert wird. Behandeln Sie Ihren Hund konsequent, aber gerecht. Fairness Ihrem Hund gegenüber sollte für Sie selbstverständlich sein. Durch ungerechte Behandlung und Quälereien können Aggressionen geweckt werden, die sonst nicht auftreten würden. Das gilt auch für kleine Hunde.

Futter wegnehmen

Zubehör: Kauknochen, gefüllter Futternapf

Jetzt geht's los: Geben Sie Ihrem Hund etwas Futter. Entfernen Sie sich kurz, kommen Sie zurück und nehmen es ihm weg. Dabei sprechen Sie freundlich mit ihm. Lassen Sie keine Aggressionen zu, loben Sie ihn bei Erfolg und geben ihm das Futter gleich zurück. Wenn er diese Übung beherrscht, beginnen Sie, ihm Futter (Kauknochen) aus dem Fang zu nehmen. Versuchen Sie, auftretende Aggressionen mit freundlicher Stimme »wegzureden«. Lassen Sie es aber auf keinen Fall so weit kommen, dass er zuschnappt. Brechen Sie vorher ab und versuchen Sie es noch einmal, wenn sich die Situation entschärft hat.

Sinn des Spiels: Im Ernstfall können Sie Ihrem Hund schädliches oder ungenießbares Futter abnehmen und ihn so vor Krankheiten und Schaden bewahren.

Überall anfassen

Jetzt geht's los: Rufen Sie Ihren Hund zu sich. Dann streicheln Sie ihn spielerisch am ganzen Körper. Berühren Sie dabei streichelnd und liebevoll neckend den gesamten Körper. Der Hund wird es Ihnen mit Begeisterung lohnen. Kommt es bei den Berührungen zu Aggressionen oder Schmerzäußerungen, lassen Sie die Bereiche aus, bis der Hund sich an die Berührung gewöhnt hat. Dann tasten Sie sich langsam während der Berührung in die Nähe der gefährlichen Zone, bis der Hund gemerkt hat, dass ihm nichts geschieht. Überall anfassen ist auch bei Ausstellungen wichtig, dort wird der Hund von fremden Personen (Preisrichtern) am ganzen Körper angefasst, um beurteilt zu werden.

Sinn des Spiels: Mit diesem Spiel erreichen Sie den ganzen Körper des Hundes. So merken Sie sofort Veränderungen und schmerzende Stellen. Auch dient das Spiel der Körperpflege, da ein daran gewöhnter Hund sich auch besser bürsten lässt.

Herumrollen

Jetzt geht's los: Nach Hundeart legen sich diese gerne auf den

Rücken. Der dargebotene Bauch signalisiert Unterwerfung, aber auch Vertrauen. Nehmen Sie (je nach Hundegröße) eine oder beide Hände. Fassen Sie den Brustbereich und rollen Sie Ihren Hund langsam von einer Seite auf die andere. Beginnen Sie ganz langsam, indem Sie ihn zuerst nur etwas hin und her bewegen. Das macht Spaß. Natürlich spielen Sie dieses Spiel nicht nach der Fütterung.

Sinn des Spiels: Bei diesem Spiel haben Sie einen guten Überblick über den Bauchbereich, was auch für den Tierarztbesuch von Vorteil ist. Das Herumrollen ist besonders bei Rüden wichtig, da die Geschlechtsorgane oft durch lange Haare verdeckt sind, und Sie ja auch diese Körperregion sauber halten sollten.

Schmusen – das schönste Spiel

Körperkontakt ist für Hunde ganz wichtig und es gehört für sie zu den schönsten Stunden ausgiebig mit Herrchen/Frauchen zu schmusen. Dabei haben unsere kleinen Hunde besondere Vorlieben. Der Kopf gehört zu den bevorzugten Schmuseregionen. Er wird überhaupt für viele Arten des Körperkontaktes eingesetzt. Aber auch Rücken und Bauch sollten täglich ausgiebig gestreichelt werden. Beim Schmusen sollte man einige Regeln beachten. Geschmust wird nur dort, wo der Hund auch sonst hin darf, also nicht im Bett oder auf der Couch, wenn es ansonsten dafür einen Tadel gibt. Zum Schmusen nehmen wir uns Zeit, ist es doch auch für uns ein Gefühl der Zärtlichkeit und Entspannung, wenn wir unseren Hund streicheln.

Kleine Hunde können wir zum Schmusen auf den Arm nehmen. Fast in gleicher Höhe mit unserem Kopf fühlen sie sich sehr wohl. Wir können auf einer Ebene kommunizieren. Aber auch, wenn wir uns auf den Boden setzen, erzielen wir den gleichen Erfolg.

Beliebte Schmusezonen sind:

- der Kopf
- Kinn und Hals
- an der Schwanzwurzel
- am Rücken
- am Bauch

Aber nicht alle Hunde lassen sich auch an allen Schmusezonen gleich gerne schmusen. Die entspannte Haltung, der wohlige Gesichtsausdruck mit den verzückten Augen und ein zufriedenes Stöhnen zeigt Ihnen deutlich, was Ihr Hund gerne mag.

Aufforderung zur Schmusestunde
Wenn Sie Ihren Hund schmusen möchten, ist er fast immer bereit und willig. Bis zu einem gewissen Grad sollten Sie ihm dies auch zugestehen, natürlich muss er aber wissen, das es auch hier »nein« heißen kann, wenn Sie einfach keine Zeit oder Lust haben. Wenn er mit der Pfote auf Ihre Füße, gegen Ihre Beine oder auf Ihren Oberschenkel klopft, ist es ein deutliches Zeichen, dass er beschäftigt werden will. Auch der süße kleine Kopf, der sich mit unschuldigem Blick unter Ihrem Arm durchdrückt und Ihnen ins Gesicht schaut, sollte nicht ignoriert werden. Wenn er Ihnen auf den Schoß springt, ist eigentlich alles klar.

IV. So integrieren Sie Ihren Hund in Ihre aktive Freizeitgestaltung

Aktive Freizeitgestaltung hat in unserem heutigen Leben einen hohen Stellenwert. Auch Hundebesitzer möchten und müssen auf die modernen Sportarten nicht verzichten. Bei vielen Aktivitäten ist es möglich, den kleinen Hund mitzunehmen und ihn so in die persönliche Freizeitgestaltung einzubeziehen. Dies ist besonders wichtig, da unsere Freizeit kurz bemessen und deshalb so wertvoll ist.
Diese Sportarten können Sie gemeinsam mit Ihrem kleinen Hund ausüben:

- Aqua-Wellness
- Aqua-Sport
- Beachfun – Strand und Spaß
- Jogging
- Radfahren
- Reiten
- Schwimmen
- Skaten
- Skilanglauf
- Spaziergänge
- Trimmpfade
- Walking
- Wandern

Natürlich muss man in gewissem Maße auf den kleinen Hund Rücksicht nehmen, aber der Spaß, den der gemeinsame Sport mit Freunden und Hund macht, wiegt diesen kleinen Nachteil bei weitem wieder auf. Auch wird sich für jeden Hund eine Freizeitbeschäftigung finden, die auch dem Herrchen Spaß macht.

Aqua-Wellness

Aqua-Wellness macht Spaß und hält fit. Sie nimmt im Rahmen der Wellnessbewegung einen immer größeren Raum ein. Natürlich kommen viele Möglichkeiten nicht in Frage, da der Hund nicht mit ins Freibad oder in ein Erlebnisbad darf – und das natürlich mit Recht.

Aber am Strand oder am Baggersee stehen uns viele Möglichkeiten offen. Für Aqua-Wellness stehen uns hauptsächlich die flachen Bereiche zur Verfügung, da der Hund seine Fähigkeiten dort mehr einsetzen kann.
Flüsse und Bäche mit Strömung sind für kleine Hunde nicht geeignet, da sie durch Strudel und Strömung abgetrieben und so in Lebensgefahr geraten können. Die Sicherheit des Hundes steht natürlich im Vordergrund.

Für den Hund geeignete Aqua-Wellness-Übungen sind:

- Aqua Balance
- Wassergymnastik
- Wassertreten

Beim Aqua-Wellness können alle Wasserratten mitmachen. Die Höhe der Läufe des Hundes entscheidet über die Wassertiefe. Aqua-Wellness kann auch bei vielen körperlichen Problemen helfen, hier müssen Sie aber immer vorher den Tierarzt zurate ziehen.

Eignung: Aqua-Wellness ist für Hunde mit Nierenerkrankungen und einer Neigung zu Blasenentzündungen sowie häufigen Erkältungen nicht geeignet. Bei Hunden, deren Fell sich schnell mit Wasser voll saugt und schwer trocknet, sind besondere Vorsichtsmaßnahmen (abtrocknen, trocken laufen, fönen) einzuhalten oder man verzichtet besser. Wasserscheue Hunde, die nicht gerne ins Wasser gehen, sollten auf keinen Fall gezwungen werden, können aber manchmal mit Geduld und Liebe überzeugt werden.

Aqua-Balance
Bei Aqua-Balance dürfen wir nicht so sehr an die Aqua-Wellness in einem Bad denken. Vielmehr geht es hier darum, in flachem Wasser liegend die Bodenhaftung zu verlieren und sich, mit den Händen abgestützt, vom Wasser tragen zu lassen. Der Hund kann dabei zur Kräftigung Ihrer Bauchmuskeln auf diesem Platz nehmen und Sie anspornen. Wechselweise kann man sich auf den Bauch oder auf den Rücken legen. Lassen Sie dabei ein T-Shirt an, damit die Krallen Ihres Hundes Sie nicht verletzen.

Wassergymnastik
Auch für die Wassergymnastik wählen wir flache Gewässer. Größere Steine, auf die wir mit dem Hund springen können, sind von Vorteil. Vorsichtig aber, wenn sie glatt sind. Hier machen wir gymnastische Übungen wie Liegestütz,

Kniebeugen und Ähnliches. Mit etwas Übung gelingt es Ihnen, den Hund in diese Übungen zu integrieren, indem er beispielsweise beim Liegestütz über Sie hinweg springt.

Wassertreten
Wassertreten ist ganz einfach und macht Spaß. Am Rande eines Sees oder am Meer gehen wir am Wasser spazieren. Die Wellen umspülen im Einklang mit Ebbe und Flut unsere Füße und die Läufe unseres Hundes. Der Widerstand des Wassers erfordert mehr Kraft und stärkt die Muskeln, die Bewegung über eine längere Distanz fördert die Ausdauer. Kleine Sprinteinlagen machen Spaß.

Aqua-Sport mit meinem Hund

Aqua-Sport, also Wassersport, ist aus gutem Grund so beliebt. Es macht Spaß und ist gesund. Für kleine Hunde gibt es leider nur wenig Möglichkeiten daran teilzunehmen, da sie sich besser im flachen Wasser aufhalten und nicht über längere Strecken ohne Pause schwimmen sollen. Auch Wellen machen ihnen das Leben schwer. Besser geeignet sind daher Spiele am Strand (Beachfun), bei denen wir das flache Wasser mit einbeziehen können.

Für den Hund geeignete Aktivitäten sind:

- Ringe aus dem Wasser holen (Tauchen)
- Stöckchen aus dem Wasser holen
- Wellenreiten
- in einem Kinderschlauchboot »mitschwimmen«

Wenn Sie bei diesen Übungen ins tiefere Wasser gehen, dürfen Sie Ihren Hund nie unbeaufsichtigt lassen.

Ringe aus dem Wasser holen (Tauchen)
Zubehör: ein kleiner Vollgummiring
Jetzt geht's los: Werfen Sie den Ring in ein nicht zu tiefes, stehendes Gewässer. Dann schicken Sie Ihren Hund hinterher. Er holt den Ring aus dem Wasser, einige Hunde entwickeln dabei erstaunliche Tauchfähigkeiten. Diese Übung sollten Sie nicht zu oft wiederholen, da es für Ihren Hund sehr anstrengend ist. Nach Tauchübungen empfiehlt es sich, die Ohrgänge des Hundes zu trocknen, da der Luftaustausch unter den Behängen ungenügend ist und zu chronischen Ohrenentzündungen führen könnte. Das kann auch bei Hunden mit stehenden Ohren nicht schaden.

So lernt Ihr Hund das Spiel: Werfen Sie den Ring zuerst direkt vor das Wasser oder dorthin, wo es nur wenige Zentimeter tief ist. Immer wenn Ihr Hund den Ring erfolgreich holt, wird der Ring in etwas tieferes Wasser geworfen. Beachten Sie aber, dass nicht alle Hunde tauchen möchten.

Stöckchen aus dem Wasser holen
Zubehör: ein kleines Stöckchen
Jetzt geht's los: Dieses Spiel ist eigentlich nur die nasse Variante des Apportierens. Wenn Ihr Hund apportieren kann und gerne ins Wasser geht, heißt es für ihn Spaß pur. Der Unterschied zum Spiel mit dem Ring ist, dass das Stöckchen auf dem Wasser schwimmt. Natürlich wird auch dieses Spiel nicht in gefährlichen Gewässern gespielt.
So lernt Ihr Hund das Spiel: Gehen Sie genauso vor, wie beim Ringe-aus-dem-Wasser-Holen.

Wellenreiten
Zubehör: sanft ins Meer abfallender Strand, schwache Wellen, kleines Surfbrett
Jetzt geht's los: Nehmen Sie Ihr Surfbrett und Ihren Hund. gehen Sie etwa bis Hüfthöhe ins Wasser. Dann stellen Sie den Hund auf das Brett. Lassen Sie ihn nun von einer Welle an den Strand treiben. Bei diesem Spiel ist wichtig, dass Sie die Strömung kennen, damit der Hund nicht abgetrieben wird.
So lernt Ihr Hund das Spiel: Legen Sie das Surfbrett an den Strand und lassen Sie Ihren Hund erst einmal Fühlung aufnehmen. Dann beginnen Sie mit dem Training in ganz flachem Wasser. Halten Sie dabei das Brett fest und schieben den Hund damit im Wasser hin und her. So kann er sich langsam an die Bewegung gewöhnen. Wenn das ohne Angst klappt, beginnen Sie mit dem eigentlichen Wellenreiten.

In einem Kinderschlauchboot »mitschwimmen«
Zubehör: ein kleines Kinderschlauchboot, ein dickes Handtuch oder eine Decke
Jetzt geht's los: Legen Sie das Handtuch oder die Decke in das aufgeblasene Schlauchboot (für gemütliches Verbleiben und als Schutz vor den Krallen). Dann setzen Sie den Hund hinein. So können Sie ihn mitnehmen und auch einmal in tieferem Wasser oder über eine größere Strecke schwimmen. Achten Sie darauf, dass das Boot nicht abgetrieben wird. Wenn der Hund auch schwimmen soll, geschieht dies kurz vor dem Landgang, damit er aus eigener Kraft ans Ufer gelangen und dort abgetrocknet werden kann.

So lernt Ihr Hund das Spiel: Lassen Sie ihn erst einmal an Land im Schlauchboot sitzen. Dann beginnen Sie in ganz flachem Wasser und schieben Sie das Boot hin und her, damit Ihr Hund sich an die Bewegung gewöhnt. Anschließend kann es dann losgehen.

Sportarten, bei denen ein Hund nur stiller Teilhaber sein kann, die ihm aber trotzdem Spaß machen, sind:

- Segeln
- Kanu fahren
- Boot fahren
- Angeln vom Boot aus

Hierbei kann der Hund aktiv eigentlich nichts tun, er ist aber trotzdem gern dabei. Auf einem sicheren, nicht rutschigen Plätzchen kann er gut liegen und die Gemeinsamkeit mit Ihnen genießen. Viele Hunde sitzen auch gerne aufrecht und beobachten interessiert die wechselnde Umgebung. Bestimmt gibt es auch einmal die Gelegenheit, etwas zu bellen. Bei diesen Ausflügen ist wichtig, dass der Hund erst einmal die Gelegenheit erhält, seine Geschäfte zu erledigen und dass nach entsprechender Zeit dafür erneut Pausen gemacht werden. Sonnenschutz ist wichtig, denn der Wind täuscht eine Sicherheit vor und Hunde können sehr schnell einen Hitzschlag oder einen Sonnenstich bekommen. Auch Sonnenbrand kann an wenig behaarten Stellen – Nase, Ohren – vorkommen. Hier gilt es, vorsichtig zu sein. Proviant in Form von Wasser und Leckerli sind selbstverständlich, Futter gibt es besser nach dem Törn.

Eignung: Es gibt Hunde, die trotz Liebe und Geduld ihre Angst nicht verlieren. Wenn dies der Fall ist, sollten sie besser zu Hause bleiben oder Ihren Vierbeiner bei ihrem Hundesitter lassen. Für die Sportarten, bei denen der kleine Hund aktiv mitmachen kann, gelten die gleichen Einschränkungen wie beim Aqua-Wellness.

Beachfun – Strand und Spaß

Strand, Sonne, Freizeit und Ihr kleiner Hund, was brauchen Sie mehr, um glücklich zu sein? Am Strand, egal ob am Meer oder einem Baggersee, haben Sie unendlich viele Möglichkeiten, mit Ihrem Hund das Leben zu genießen. Viele Spiele bieten sich an, aber auch gemeinsames Faulenzen (wobei Ihr Hund im Schatten liegen sollte) kann Freude bereiten. Wählen Sie den Platz sorgfältig aus, damit Ihr Hund die anderen Freizeitler nicht stört, dies gilt besonders für kleine Buddelhunde, denn Sand von kleinen Pfoten kräftig bewegt, fliegt leicht auf das Handtuch des Nachbarn oder diesem ins Gesicht. Häufig sind Hunde am Strand verboten, erkundigen Sie sich dann nach den extra ausgewiesenen Hundeständen. Es gibt schon recht viele in verschiedenen Ländern. Dort können Sie problemlos spielen und herumtollen. In Frankreich beispielsweise gehören die Strände in vielen Regionen in den frühen Morgenstunden bis gegen Mittag Ihnen und Ihrem Hund allein. Nutzen Sie diese Zeit, anschließend ist es sowieso zu heiß. Ansonsten legen Sie sich etwas abseits, damit Sie und Ihr Hund sich frei bewegen können. Wasser und Schatten sind am Strand für Ihren Hund besonders wichtig.

Hunde-Beachball

Zubehör: ein kleiner Ball

Jetzt geht's los: Dribbeln Sie den Ball zwischen Ihren Füßen hin und her, damit der Hund Interesse bekommt. Dann beginnen Sie mit dem richtigen Spiel. Vielleicht haben ein paar Freunde oder Strandbesucher Lust mitzumachen. Beim Spiel darf dann der Hund zwischen den Spielern herumlaufen und auch regelmäßig einmal den Ball bekommen. Achten Sie darauf, dass er sich nicht völlig verausgabt.

So lernt Ihr Hund das Spiel: Eigentlich gibt es hier nichts zu lernen, im Gegenteil, der Hund mischt sich oft eher als unerwünschter Teilnehmer unter die Mitspieler.

Wasserkanäle bauen

Zubehör: eine kleine Schaufel oder Ihre Hände

Jetzt geht's los: Suchen Sie sich eine ruhige Stelle im flachen Wasser, bei Ebbe zwischen stehendem Wasser und dem Meer. Dort legen Sie ein Kanalsystem mit Dämmen, Überläufen und kleinen Teichen an. Ihr Hund wird sich ganz mit einbringen, wenn Sie auch vielleicht manchmal über den Verlauf der Kanäle nicht einer Meinung sind, Spaß macht es allemal.

Frisbee

Zubehör: Frisbeescheibe, Sandstrand

Jetzt geht's los: Werfen Sie die Frisbeescheibe nach vorne in die Luft. Ihr Hund kann sie fangen und zurückbringen. Dieses Spiel können Sie auch gut zu dritt spielen. Der Hund nimmt dann den Platz in der Mitte ein und erhält regelmäßig die Gelegenheit, die Frisbeescheibe zu erbeuten. Dieses Spiel können Sie natürlich nicht nur am Strand spielen, sondern auch auf einer

Wiese oder im Park, aber an einem Sandstrand macht es besonders viel Spaß.

So lernt Ihr Hund das Spiel: Frisbee lernt Ihr Hund wie das Apportieren. Die meisten Hunde sind Naturtalente und machen begeistert mit.

Jogging mit kleinem Hund

Jogging ist heute immer noch modern und leistet einen hohen Beitrag zu unserer Fitness und unserer Gesundheit. So ganz nebenbei ist Jogging aber auch eine der Sportarten überhaupt, bei denen der kleine Hund eine große Bereicherung ist.

Häufig werden Hunde und Jogger mit Hunden von anderen Menschen angefeindet. Dies liegt, man muss es ehrlich sagen, an den Hundebesitzern, die ihre Hunde nicht ordentlich erzogen haben. Der Hund sollte auf keinen Fall andere Jogger oder Spaziergänger belästigen, anspringen oder anbellen. Hier leistet eine Leine gute Dienste. Dann funktioniert es auch im Miteinander.

Beachten Sie beim Jogging in Begleitung eines Hundes:

- Die Joggingphasen dürfen nicht zu lange sein; immer wieder Gehpausen einlegen.
- Der Hund soll an der lockeren Leine laufen.
- Wenn er ohne Leine läuft, muss er in Ihrer Nähe bleiben.
- Nicht alle Hunderassen sind für diese gleichförmige Bewegung geeignet.
- Auch die Fitness des Hundes wird langsam gesteigert.
- Laufen Sie in einem Tempo das dem Trab des Hundes angepasst ist.

Eignung: Hunde mit einem ausgewogenen Verhältnis zwischen Lauflänge, Körper und Körpergewicht (Normalgewicht) können joggen. Das Tempo wird der mittleren Geschwindigkeit des Hundes angepasst. Hunderassen mit sehr kurzen Läufen und langem Körper sind hingegen für diese Bewegungsart nicht geeignet. Durch ihren wieselartigen Lauf wird bei lang anhaltender gleichmäßiger Bewegung der Körper zu stark belastet. Für diese Hunde eignet sich der Ausdauersport Wandern. Aber auch Hunde wie Basset und Mops sind nicht unbedingt die idealen Joggingpartner.

Radfahren

Das Radfahren mit dem Hund ist nicht unumstritten. Während ein Teil der Hundebesitzer es als positiven Ausgleichssport ansieht und als Möglichkeit, dem Hund auch einmal mit geringem Zeitaufwand ausreichend Bewegung zu geben, sehen andere Menschen es ohne Kompromiss als Tierquälerei an. Aber auch hier gilt: Es liegt am Hundebesitzer und den körperlichen Möglichkeiten des Hundes, ob Radfahren ein positives Erlebnis für Herr und Hund wird. Bei sehr kleinen und kleinen Hunden ist es natürlich schwierig, eine längere Radtour zu machen. Auch können Sie kaum so langsam fahren, dass Ihr Hund das Tempo mithalten kann. Für diese Hunde gibt es Körbe, die extra für diesen Zweck konzipiert sind und auch die entsprechende Sicherheit bieten. Die etwas größeren Hunde können gut einige Zeit neben dem Fahrrad herlaufen. Natürlich gewähren Sie ihm entsprechende Pausenzeiten, damit er nicht überfordert wird.

Ihr Hund kann mit oder ohne Leine laufen. Für einen gut erzogenen Hund ist es ohne Leine schöner, da er dann auch einmal schnuppern und sein Tempo seiner Kraft anpassen kann. An der Leine ist es für den Hund anstrengender, da er das vorgegebene Tempo gleich bleibend mithalten muss. Ist er allerdings unzuverlässig, dann ist die Leine die bessere Alternative. Es gibt extra eine Vorrichtung im Fachhandel, um die Leine so am Rad zu befestigen, dass möglichst keine Gefahr davon ausgeht. Vor einer längeren Radtour müssen Sie Ihren Hund langsam an die Anforderung gewöhnen und daran, sicher am Rad mitzulaufen. Wenn er vor das Rad läuft, kann es zu ernsten Stürzen und Verletzungen kommen.

Mountainbiking

Mountainbiking ist heute sehr beliebt. Leichte Touren kann ein mittelgroßer Hund gut mitmachen, im Gebirge ist es für ihn aber zu anstrengend. Der kleine Hund sollte besser zu Hause bleiben, da es bei extremen Touren leichter zu Stürzen kommen kann und er im Korb doch ziemlich ungeschützt ist.

Eignung: Radfahren ist für temperamentvolle, ausdauernde Hunderassen wie Terrier und viele Mischlingshunde gut geeignet. Schwere Hunderassen wie Basset oder Mops und Hunderassen mit

Großer Vorteil kleiner Hunde: Auf längeren Radtouren hat man mit ihnen kaum Transportprobleme.

langen Wirbelsäulen sollten allerdings nicht am Rad gehen oder im Korb transportiert werden. Dackel beispielsweise können in der sitzenden Haltung bei der unvermeidlichen Erschütterung Probleme mit der Wirbelsäule bekommen.

Pferdesport und Hunde

Reiten ist heute fast schon ein Breitensport geworden. Viele Pferdeliebhaber besitzen ein eigenes Pferd oder eine Reitbeteiligung und nehmen regelmäßig an Ausritten teil. Da viele Pferdebesitzer und Pferdefreunde auch Hunde haben, müssen sie ihre Freizeit zwischen beiden Tieren aufteilen. Immer häufiger sieht man allerdings ein Dreiergespann aus Mensch, Pferd und Hund, die glücklich durch die Landschaft traben. Um den Hund zu einem Reitausflug mitnehmen zu können, ist eine positive Beziehung zwischen Pferd und Hund wichtig, sonst kann es zu Problemen auf beiden Seiten kommen. Nehmen Sie den Hund möglichst schon als Welpen mit in den Reitstall, damit die Tiere sich aneinander gewöhnen und auf das Verhalten des anderen einstellen können. Dies geht in der Regel sehr schnell, wenn sie keine schlechten Erfahrungen gemacht haben und an den Kontakt mit anderen Tieren gewöhnt sind. Aber auch, wenn eines der Tiere Schwierigkeiten macht, kann man mit Geduld viel erreichen. Der erste gemeinsame Ausritt sollte allerdings erst dann erfolgen, wenn Pferd und Hund ein eingespieltes Team sind. Der Hund muss erst lernen, dass Sie auch auf dem Pferderücken der Boss sind. Oft entwickelt sich eine tiefe Freundschaft zwischen Pferd und Hund und es gehört zu den glücklichsten Momenten im Hundeleben, wenn er mit in den Stall darf. Aber auch, wenn sie sich nur gegenseitig akzeptieren, die gemeinsamen Ausflüge machen einfach mehr Spaß. Für Ausritte können Sie auch eine lange Leine verwenden. So haben Sie den Hund immer unter Kontrolle. Wenn er müde ist, können Sie ihn auch mit aufs Pferd nehmen (hier muss das Vertrauen zwischen den Tieren stimmen). Vor Ihnen kann er gut sitzen und die Umgebung beobachten. Diese Transportmöglichkeit ist allerdings nur guten Reitern vorbehalten.

Eignung: Reitausflüge sind für alle bewegungsfreudigen, ausdauernden Hunde wie Terrier und viele Mischlingshunde geeignet, die über einen längeren Zeitraum ihr Tempo dem des Pferdes anpassen können und das entsprechende Temperament mitbringen. Sehr kleine Hunde, Dackel und andere Hunde mit sehr langer Wirbelsäule können beim Reitsport allerdings nicht mithalten. Auch schwergewichtige Hunde bleiben besser zu Hause. Darüber hinaus sind Reitausflüge generell nur für gesunde Hunde geeignet.

Schwimmen mit dem Hund

Schwimmen mit dem Hund ist Spaß und Spiel in einem. Lange Strecken und schnelles Tempo kann und sollte der kleine Hund nicht mithalten, aber bei kurzen Strecken macht er gerne mit. Aufgrund seiner körperlichen Möglichkeiten fällt es ihm schwer, bei stärkerem Wellengang den Kopf über Wasser zu halten. Dies gilt insbesondere für die ganz Kleinen, die dem Spiel der Wellen hilflos ausgesetzt sind. Trotzdem gibt es auch unter ihnen ausgezeichnete Schwimmer. Und viele Hunde nutzen jede Gelegenheit, ins Wasser zu springen. Wenn es Ihrem Hund und Ihnen also Spaß macht, nehmen Sie ihn ruhig mit. Mit etwas Erziehung bleibt Ihr Hund auch eine Zeit lang am Strand, sodass Sie sich trotzdem körperlich ausreichend betätigen können. Achten Sie beim gemeinsamen Schwimmen darauf, dass Ihr Hund Ihnen den Rücken nicht zerkratzt.
Wie Sie Ihren nassen Hund behandeln müssen, lesen Sie übrigens auf Seite 50.

Eignung: Schwimmen ist mit angepasster Dauer eigentlich für alle Hunde geeignet. Bleiben Sie in seiner Nähe, falls er in Schwierigkeiten gerät. Nicht geeignet ist es aber für Hunde mit der Tendenz zu Nierenerkrankungen oder einer Neigung zu Blasenentzündungen. Auch Hunde mit extrem dickem Fell könnten Probleme bekommen, wenn es sich voll saugt.

Skaten mit dem Hund

Der Volkssport Skaten bietet sich als Gemeinschaftssport für Herr und Hund an. Der Weg ist eben, die Geschwindigkeit auch bei größeren Strecken nicht zu hoch und es bleibt für den Hund Zeit genug, auch einmal etwas zu schnuppern. Die Belastung beim Skaten liegt für den Hund ähnlich wie beim Jogging, nur werden oft etwas größere

Strecken zurückgelegt. Da Sie auch Kontakt zum Boden haben, also mehr in seiner Nähe sind, macht es Ihrem Hund besonders viel Spaß, Sie auf den Ausflügen zu begleiten. Auch Sprinteinlagen sind für den Hund interessanter, weil Sie mehr Geschwindigkeit erreichen. Passen Sie also Ihre Geschwindigkeit (wie auch beim Jogging) der Laufstärke des Hundes an und nicht umgekehrt. Gleichgültig, ob Sie nur kurz etwas Entspannung suchen oder einen Tagesausflug planen, Ihr Hund ist immer gern dabei. Schön ist es, wenn er ohne Leine laufen kann, so hat er einfach mehr davon.

Eignung: Für alle bewegungsfreudigen Hunde, deren Körperproportionen im ausgewogenen Verhältnis stehen, sind lange Skatetouren problemlos zu bewältigen. Für Hunde mit langer Wirbelsäule und für schwergewichtige Hunde sollte die Tour nicht zu lange dauern und die Geschwindigkeit seinen Möglichkeiten angepasst werden.

Skilanglauf mit dem Hund

Skilanglauf ist eine gute Möglichkeit, den Stress hinter sich zu lassen, Kondition aufzubauen und gemeinsam mit dem Hund die Natur zu erleben. Gerade die winterliche Stille, die verschneite Märchenlandschaft und die gleichmäßige Bewegung tun Körper und Seele gut. Da die Geschwindigkeit nicht zu hoch ist, kann praktisch jeder Hund mithalten, denn in den gespurten Loipen kann ein sehr kleiner Hund laufen, ohne Schaden anzurichten. Etwas größere Hunde werden den unberührten, tiefen Schnee bevorzugen, da es außerhalb der Loipen natürlich viel interessanter ist.
Eine Tour im Schnee sollte für kleine Hunde nicht zu lange dauern, da sie praktisch am ganzen Körper nass werden. Ein Zwischenstopp im Rucksack ist nicht zu empfehlen, da die Wärme den Schnee zum Schmelzen bringt und der Hund dann in der Nässe sitzt. Wählen Sie also lieber Touren, die von Ihrem Hund gut bewältigt werden können. Ganz kleine Hunde können Sie in ein Handtuch wickeln und in Ihren Skianzug stecken, tragen können Sie ihn sonst nicht, da Sie ja die Skistöcke benutzen.

Eignung: Für alle aktiven, bewegungsfreudigen Hunde, die ausdauernd größere Strecken durchhalten können, ist Skilanglauf optimal. Für sehr kleine Hunde und Hunde mit langer Wirbelsäule, die sich im

Schnee nur schwer vorwärts bewegen können, ist es nur bedingt geeignet.

Spaziergänge mit dem Hund

Spaziergänge gehören zu den schönsten Erlebnissen im gemeinsamen Leben von Mensch und Hund. Außerdem sind sie für beide gleichermaßen gesund. Durch die Bewegung an der frischen Luft wird der Geist klar, positive Empfindungen können wieder besser aufgenommen werden. Durch die langsame, gleich bleibende Bewegung wird die Kondition verbessert, Stress und Probleme treten in den Hintergrund. Die Umgebung kann intensiver erfahren werden. Das gilt in hohem Maße für den Hund, der endlich einmal richtig Zeit hat, sich mit seiner Umgebung auseinander zu setzen. Sportliche Einlagen machen den Spaziergang noch interessanter. Ein kurzer gemeinsamer Sprint, ein Versteckspiel und ein geworfenes Stöckchen kommen immer gut an und regen auch Ihren Kreislauf an.

Eignung: Spaziergänge sind nicht nur für alle Hunde geeignet, sie gehören einfach zu seinem Leben dazu. Wer möchte schon den ganzen Tag in der Wohnung und im Garten sitzen und das Leben an sich vorbeiziehen lassen?

Trimm-Dich-Pfade

Trimm-Dich-Pfade waren vor einigen Jahren sehr beliebt. Heute sind sie aufgrund modernerer Sportarten etwas in den Hintergrund getreten. Dabei bieten sich hier gerade für Hundebesitzer optimale Möglichkeiten zur sportlichen Betätigung. Natürlich kann der Hund nicht alle Hindernisse mitmachen, das sollte Sie aber nicht dazu veranlassen, diese auch auszulassen. Es bleiben für den Hund genügend Möglichkeiten, seine sportlichen Fähigkeiten unter Beweis zu stellen. Für den Hund ist hierbei besonders schön, dass die Übungen gemeinsam durchgeführt werden. Einen Trimmpfad findet man fast überall. Meist liegen Sie sehr schön im Wald oder am Waldrand, sodass ein positives Umfeld die Wirkung noch verstärkt. Wenn Sie keinen Trimm-Dich-Pfad kennen, fragen Sie bei der Gemeindeverwaltung, der Touristinformation oder bei Sportvereinen nach. Sollte kein Trimm-Dich-Pfad in Ihrer Nähe sein oder Sie keine Lust haben, dort gemeinsam mit anderen Menschen zu trainieren, lässt sich aus jedem Spazierweg ein Trimm-Dich-Pfad machen. Ein Sprung über einen Graben, ein erklommener Hügel und vieles mehr ersetzen die Hindernisse. Lassen Sie Ihren Hund aber niemals über aufgestapelte Baumstämme laufen, es besteht immer die Gefahr, dass diese ins Rollen geraten. Das gilt übrigens auch für Sie.

Eignung: Trimmpfade sind für alle Hunde geeignet, da der Bewegungsablauf sehr unterschiedlich ist. Unüberwindliche Hindernisse werden einfach ausgelassen.

Walking mit dem Hund

Walking wird immer mehr zum Volkssport. Vom langsamen Gehen bis hin zum Power Walking ist für Jedermann und für jeden Fitnessstand etwas dabei. Das gilt auch für Ihren kleinen Hund. Durch die verschiedenen Distanzen kann man langsam anfangen und die Leistung mit fortschreitender Übung verbessern. Walken ist eine der Sportarten, bei welcher der Hund immer mitmachen kann. Es gelten für den Hund die gleichen Regeln wie beim Jogging.

Wandern mit dem Hund

Wanderungen werden heute auch bei jungen Menschen immer beliebter. Wo bietet sich sonst noch die Möglichkeit, über weite Strecken eins zu sein mit der Natur? Überall sieht man Gruppen oder Paare, die sich die Landschaft auf Schusters Rappen erobern. Von einfachen Wanderungen auf bequemen Waldwegen bis hin zu schweren Bergtouren bietet sich für jeden Wanderfreund das richtige Erlebnis. Man kann einfach nur die Natur genießen, oder aber auch bei einer schweren Tour an seine Grenzen stoßen. Bei vielen Wanderungen ist gerade der kleine Hund ein optimaler Begleiter. Über schwierige Passagen kann er getragen werden. Da es bei einigen Touren, besonders in den Bergen, etwas anstrengend und gefährlich werden kann, sollten Sie ihn gut vorbereiten. Bei langen Spaziergängen und leichten Wanderungen lernt der Hund, sich auf die verschiedenen Situationen einzustellen und schwierigere Passagen zu überwinden. Gehorsam und Zuverlässigkeit ist besonders bei Bergtouren sehr wichtig. Ein gut trainierter Hund kann Sie bei Wanderungen durchaus in den Schatten stellen. Für sehr kleine Hunde soll-

ten Sie die Möglichkeit bieten, ihn abschnittsweise zu tragen oder in den Rucksack zu setzen (besonders bei Passagen, die auf sehr schmalen Pfaden gehen und steil abfallen). Im Fachhandel gibt es spezielle Rucksäcke, die einen Karabinerhaken haben. So können die Hunde nicht heraus springen.
Eignung: Wanderungen sind bei entsprechender Rücksichtnahme in Bezug auf Entfernung, Schwierigkeit und Tempo für alle Hunde geeignet.

Nicht alle Sportarten, die Ihnen Spaß machen, sind für Hunde geeignet

Immer häufiger sieht man Hunde, die auf einem Skateboard fahren, Wellen reiten oder Ähnliches mehr. Berichte in den Medien zeigen den Einfallsreichtum der Menschen, teilweise auch der Hunde. Es spricht nichts dagegen, wenn ein Hund diese Sportarten im Rahmen seiner Möglichkeiten mitmacht, solange er wirklich Spaß daran hat und nicht sein Besitzer mit dem Können seines ängstlich duldenden Hundes protzt. Beobachten Sie Ihren Hund genau, was er aus eigenem Antrieb macht und wann Sie die Initiative gegen seinen Willen ergreifen müssen. Bei den »menschlichen« Sportarten müssen Sie besonders auf Gefahren für den Hund achten. Beim Skateboard beispielsweise darf die Straße nicht zu abschüssig und kurvig sein, da er die Geschwindigkeit nicht bestimmen und auch nicht lenken kann. Wenn Sie die entsprechende Vorsicht walten lassen und der Hund glücklich ist, sollten Sie ihn ruhig gewähren lassen.
Auf keinen Fall aber sollten Sie ihren Hund an folgenden Sportarten teilhaben lassen:

- Abfahrtslauf außerhalb und innerhalb der Pisten sind gefährlich und verboten. Zudem kann der Hund im hohen Schnee leicht übersehen werden
- Fallschirmspringen (ausgenommen Einsätze für Rettungsdienste)
- Surfen
- Wildwasser fahren

Leider gibt es tatsächlich Zweibeiner, die ihre Vierbeiner überallhin mitnehmen. Sicher sieht es oft lustig aus, wenn kleine Hunde auf den Surfbrettern stehen, Fallschirm springen oder andere spektakuläre Dinge tun. Sie müssen aber davon ausgehen, dass Ihr Hund nur aus

Auf Wanderungen sind Hunde in ihrem Element. Gefährliche Passagen werden im Rucksack überwunden.

Liebe zu Ihnen mitmacht, beziehungsweise die Gefahr für seine Gesundheit oder sein Leben zu groß ist. Sie sollten also immer im Interesse des Hundes und für eine glückliche gemeinsame Freizeitgestaltung entscheiden, sonst lassen Sie den Hund lieber zu Hause, Sie müssen ja nicht verzichten.

Generell kann man sagen, dass alle Extremsportarten und Sportarten in denen hohe Geschwindigkeiten erreicht werden, für Hunde nicht geeignet sind.

V. Gesundheit, Vorsorge und Ernährung

Sport und Spiel setzen Gesundheit und Gesundheitsvorsorge voraus. Ein gut gepflegter Hund, der sorgsam und artgerecht gehalten wird, bringt diese Voraussetzungen (ausgenommen es bestehen unabänderliche Probleme) mit. Durch genaue Beobachtungen Ihres Hundes sehen Sie, wann seine Grenzen erreicht sind und ob es ihm gut geht. Gesundheit, Vorsorge und Ernährung gewährleisten ein langes, glückliches, aktives Hundeleben und liegen in der Verantwortung eines jeden Hundebesitzers.

Voraussetzungen für Gesundheit und Fitness beim Hund sind:

- Vorsorge
- Fürsorge und Verantwortung
- Erste Hilfe
- Ernährung

Zur Vorsorge gehören:
- Impfungen
- Entwurmungen
- Vorsorgeuntersuchungen

Vorsorge

Impfungen
Impfungen schützen Ihren Hund vor lebensbedrohlichen Erkrankungen, zum Teil aber auch Sie (Tollwutimpfung) als Halter. Es ist immer billiger, den Hund regelmäßig impfen zu lassen, als die ausgebrochene Krankheit behandeln lassen zu müssen. Darüber hinaus ist das Leid des Tieres unbezahlbar. Geimpft sollte in jedem Fall werden gegen:
- Parvovirose
- Staupe
- Hepatitis
- Virushusten
- Leptospirose
- Tollwut

Entwurmung
Regelmäßige Entwurmungen sind besonders wichtig, da sie nicht nur den Hund, sondern auch seine Menschen schützen. Generell sollte ein Hund vor jeder Impfung entwurmt werden.

Vorsorgeuntersuchungen

Vorsorgeuntersuchungen sind ein ausgedehnter Bereich. Dazu gehören auf jeden Fall die normalen Untersuchungen des Gesundheitszustandes vor anstehenden Impfungen, aber auch die Kontrolle möglicher rassespezifischer Probleme, die gesundheitliche Beeinträchtigungen hervorrufen können. Für meine Tierärztin zum Beispiel ist folgende Vorgehensweise selbstverständlich:

- den Hund genau anschauen (Fell, Haut, Bewegungsapparat, Augen, Ohren, Fang, Zähne)
- Herztöne abhören
- Fieber messen (Temperatur kann durch die Aufregung etwas erhöht sein)
- den Hund abtasten

Beim Welpen wird man besonders gründlich untersuchen, da noch unterstützend und verhindernd eingegriffen werden kann. Auch erhalten Sie durch gründliche Untersuchungen Hinweise, für welche Sportarten Ihr Hund geeignet oder nicht geeignet ist.
Scheuen Sie nicht die Kosten für die regelmäßige Untersuchung bei einem guten Tierarzt; geringere Folgekosten durch Früherkennung und ein langes Hundeleben sollten es Ihnen wert sein.

Fürsorge und Verantwortung

Gesundheit ist das höchste Gut. Das gilt auch für den kleinen Hund. Krankheiten frühzeitig zu erkennen und gezielt zu behandeln ist sehr wichtig, um den Hund leistungsfähig und aktiv zu halten und Folgeschäden zu vermeiden.
Eine gute und ständige Beobachtung durch Sie und eine sorgfältige Behandlung vom Tierarzt – falls erforderlich – gewährleisten den größtmöglichen Schutz vor Krankheiten und Problemen und halten Ihren Liebling bis ins hohe Alter weitgehend gesund.

Erste Hilfe

Bei Spiel, Sport und Spaß kann es immer auch einmal zu Verletzungen oder Problemen kommen. Meist sind diese nicht weiter tragisch und können mit Hausmitteln behandelt werden. Immer aber sollten Sie eine Verletzung ausreichend beachten, um feststellen zu können, ob es reicht, dass Sie sich darum kümmern, oder ob ein Tierarzt hinzugezogen werden muss.
Bei allen Erste-Hilfe-Maßnahmen gilt zuerst einmal, den Hund aus einer vielleicht bestehenden Gefah-

Leckerli sollten einer gesunden Ernährung zuliebe die Ausnahme und nur als Lernhilfe gedacht sein.

renzone zu bringen. Dies dient auch Ihrem Schutz. Gefahrenzonen sind beispielsweise Straßen, Abhänge und Gewässer. Erst dann beginnen Sie mit den erforderlichen Maßnahmen. Wenn Sie zum Tierarzt müssen, kündigen Sie Ihren Besuch unter Angabe der Probleme vorher telefonisch an. Außer bei kleineren Verletzungen sollte immer ein Tierarzt aufgesucht werden, wenn Erste Hilfe erforderlich wird.

Versuchen Sie einen verletzten Hund immer zu beruhigen und still zu halten bis sich ein Arzt um ihn kümmern kann.

Ernährung

Ernährung spielt im Bewusstsein von Menschen mit kleinen Hunden oft nur eine untergeordnete Rolle. Kleine Hunde werden oft nach allen Regeln der Kunst verwöhnt, dies ist aber nicht immer ihrer Gesundheit zuträglich. Aufgrund der mangelnden Bewegung kommt es zusätzlich häufig auch noch zu Übergewicht. Aber zu einem glücklichen, aktiven Hundeleben gehört auch eine gesunde Ernährung. Dies besonders auch dann, wenn der Hund sich sportlich betätigen soll. Ein Leckerli kann ein Ansporn zu einer guten Leistung sein und eine Belohnung für erreichte Ziele, es sollte aber nicht zur Gewohnheit oder gar zum Futterersatz werden.

Am Futter sollte man nicht sparen. Dies würde sich sowieso nur rächen, indem der Hund möglicherweise häufiger krank wird. Allerdings ist es nicht unbedingt so, dass das teuerste Futter auch das beste ist. Ein Blick auf die Zutatenliste gibt Aufschluss über die Inhaltsstoffe und ermöglichst so einen Preisvergleich. Wenn fast nur Getreideerzeugnisse und Zusatzstoffe enthalten sind, ist Vorsicht geboten, aber auch eine reine Fleischfütterung ist nicht sinnvoll. Ausgewogene und abwechslungsreiche Kost ist die beste Alternative.

Ob Trocken- oder Nassfutter liegt im Ermessen des Besitzers. Nassfutter hat den Vorteil, dass der Hund bei der Nahrungsaufnahme bereits Flüssigkeit aufnimmt. Trockenfutter ist bei gleicher Qualität oft billiger, da die Inhaltsstoffe konzentrierter sind, aber bei einem kleinen Hund spielt es aufgrund der geringen Futtermenge kaum eine Rolle.

Sie können das Futter für Ihren Hund auch selbst zubereiten. Bei einem kleinen Hund ist der Aufwand nicht sehr groß. Natürlich müssen Sie darauf achten, dass alle wichtigen Inhaltsstoffe enthalten sind. Der Geschmack des Hundes ist nicht von seinen wirklichen Bedürfnissen abhängig. Fleisch, Getreide und Gemüse sollten in jeder Mahlzeit vorhanden sein. Kochen Sie alles ab, da beispielsweise Schweinefleisch und Geflügel nicht roh verfüttert werden sollen. Scharfe Gewürze wie Salz und Pfeffer sind nicht geeignet. Hunde werden auf keinen Fall mit Tischabfällen gefüttert, da diese ihnen nicht zuträglich sind, auch wenn sie diese gerne fressen. Auch Süßigkeiten sind keine gesunde Nahrung für Hunde.

Ein Wort zum Schluss

Wenn Sie unser Buch gelesen haben, wissen Sie, wie viel Spaß es macht, sich mit einem kleinen Hund zu beschäftigen, mit ihm zu spielen oder mit ihm aktiven Hundesport zu betreiben. Sie haben aber auch gesehen, dass Ihr Hund ein Lebewesen ist, das von Ihnen ein hohes Maß an Verantwortung für sein Leben und sein Wohlbefinden fordert. Als Hundeliebhaber wird es Ihnen nicht schwer fallen, diese Verantwortung mit Freude zu tragen, bekommen Sie doch alles mit viel Liebe, Zärtlichkeit und Freude an Ihrem Hund zurückgezahlt.

Vielleicht begegnen wir uns einmal, wenn Sie mit Ihrem Hund unterwegs sind. Amira kennen Sie ja von den Bildern in diesem Buch und Sie können uns von Ihren Erfahrungen mit Ihrem kleinen Hund berichten und Amira und ihren Bruder Lukas persönlich kennen lernen.

Spielen macht durstig. Ein Schluck noch und weiter geht's.

Literaturtipps

- Lau, Brigitte: *Faszination Agility*. Reutlingen
- Niepel, Gabriele: *Welpenspielstunde. Hunde richtig prägen im ersten halben Jahr*. Müller Rüschlikon Verlags AG, Cham
- Niepel, Gabriele: *So wird mein Hund zum Freund. Sinnvolle Beschäftigung mit dem Familienhund im Alltag*, Müller Rüschlikon Verlags AG, Cham
- Ochsenbein, Urs: *Ein Hund kommt ins Haus. Wie erziehen?*. Müller Rüschlikon Verlags AG, Cham
- Steiner, Astrid: *Agility. Sport und Spaß mit Hunden*. Müller Rüschlikon Verlags AG, Cham
- Waniorek, Linda: *Fitnessplaner für den Hund*. München
- Waniorek, Linda: *Wenn mein Hund älter wird*. München

Rund um den Hund

Gabriele Niepel
So wird mein Hund zum Freund
Wozu sich ein Hund von Veranlagung und Wesenszügen her am besten eignet und wie Sie als Mensch-Hund-Team die verschiedensten Anforderungen bewältigen können.
96 Seiten, 35 Bilder
Best.-Nr. 41357

Rosemarie Wild
Hund und Kind
Wie das Kind entsprechend seinem Alter Zugang zum Hund findet und wie man verantwortungsvoll auf die Befürnisse von Kind und Hund eingeht.
96 Seiten, 42 Bilder **Best.-Nr. 41314**

Jeder Ratgeber kostet DM 14,80/sFr 14,80/öS 108,–

Urs Ochsenbein
Ein Hund kommt ins Haus
96 Seiten, 40 Farbbilder
Bestell-Nr. 41316

Inge Hansen
Erste Hilfe mit Naturheilmitteln
96 Seiten, 31 Bilder
Bestell-Nr. 41341

Susanne Kerl
Wir wollen einen Hund
Welcher Hund passt zu Ihnen, was müssen Sie beim Kauf beachten, was macht einen guten Hundehalter aus?
96 Seiten, 35 Farbbilder
Bestell-Nr. 41315

Ihr Verlag für Hunde-Bücher

Gewerbestraße 10, CH-6330 Cham
Postfach 4161, CH-6304 Zug
Telefon ++41(0)41 740 30 40
Telefax ++41(0)41 741 71 15

Müller Rüschlikon

Stand Juli 2000 / Änderungen in Preis und Lieferfähigkeit vorbehalten